CATRIN MÜLLER • PRO PUBERTÄT

MEINE ETHIK UND GRUNDHALTUNG
GEGENÜBER KINDERN UND JUGENDLICHEN

„Mein Herz schlägt für Kinder und Jugendliche. Sie haben ein Recht auf unseren Schutz, unsere Wertschätzung und unsere Freude über ihr Dasein. Sie müssen sich mit uns sicher fühlen und entfalten dürfen – egal, wie alt sie sind, woher sie kommen und wohin sie gehen werden."

– Catrin Müller –

Für Tom und Luis

Catrin Müller

Pro Pubertät

Beziehungsgestaltung mit Haltung, Herz und Hirn

Wieser *Verlag*

Wieser *Verlag* GmbH

A-9020 Klagenfurt, 8.-Mai-Straße 12
Tel. + 43(0)463 37036, Fax. + 43(0)463 37635
office@wieser-verlag.com
www.wieser-verlag.com

Verlagslektor:
Josef G. Pichler

Autorin:
Catrin Müller, Mittelpunkt-Coaching
Mail: kontakt@mittelpunkt-coaching.com
A-9020 Klagenfurt/Wörthersee
Telefon: +43/664/73309886

Copyright © Catrin Müller
Erste Auflage November 2015
ISBN: 978-3-99029-174-0

Buch-Gestalterin:
Carmen Kassekert, Klagenfurt/Wörthersee,
Mail: carmen.kassekert@gmx.at

Textdoktor:
Knut Nielsen, Klagenfurt/Wörthersee,
Mail: knut.nielsen@gmx.at

Bilder:
Catrin Müller

INHALT

Sieben häufig gestellte Fragen zur Pubertät	7
Einleitung	13
Ich sehe dich – ich bin da	17
Die Würde – ein zerbrechliches Gut	23
Glaubwürdigkeit	33
Werte stellen uns ein	37
Meine Werte – deine Werte	43
Wie Kommunikationsatmosphäre entsteht	51
Herzliche, würdevolle Kommunikation	65
Empathie – der Schlüssel zur Gefühlswelt	67
Die Sprache des Herzens ist persönlich	71
Feedback geben – Feedback nehmen	73
Hirnschmalz: Begeisterung	79
Beziehungsmenschen – Beziehungsklima	85
Alleinerziehend sein – heißt nicht: allein zu sein	89
Nach der Trennung, Eltern bleiben	93
Literaturverzeichnis	95

SIEBEN HÄUFIG GESTELLTE FRAGEN ZUR PUBERTÄT

1. Was ist die Pubertät überhaupt?
Die Pubertät ist eine ganz natürliche, geistige und hormonelle Entwicklungsphase im Leben eines jeden Menschen. Die meisten Pubertierenden nutzen diese Zeit – mehr oder weniger bewusst, um ihre Bedürfnisse nach *Selbstständigkeit* und *Selbstbestimmung (Autonomie)* zu stillen. Sie wollen – und sollen – sich in ihrer kindlichen Form von den Eltern lösen, um eine Beziehung „auf Augenhöhe" mit ihnen zu führen und sich damit auf ihr eigenes Leben vorzubereiten.

2. Wann ist mein Kind in der Pubertät?
Je nach individueller Entwicklung kommen Kinder bereits ab dem 10. Lebensjahr, nur selten früher, in die Pubertät – häufig mit 13 oder 14 Jahren. Dieser Prozess gilt durchschnittlich mit dem 20. Lebensjahr als abgeschlossen.

3. Was genau verändert die Pubertät?
Bei beiden Geschlechtern verändert sich der Körper. Mädchen bekommen ihre Regelblutung und weibliche Formen – Jungs erleben den Stimmbruch und den ersten Samenerguss. Die Sexualität hält Einzug. Diese Phase wirbelt die Gefühlswelt durcheinander, macht manchmal übermäßig glücklich oder im Liebeskummer zu Tode betrübt. Diese Erlebnisse sind spannend und eben auch anstrengend. Die Umstellung des Hormonhaushaltes bedingt häufig auch eine Überproduktion von zu viel Hautfett über die Talgdrüsen, was für unreine Haut oder Akne sorgt. Der ganze Körper wächst – was bei vielen Jungen und Mädchen zu körperlichen Schmerzen führen kann, den sogenannten Wachstumsschmer-

zen. Sie treten meist nachts auf. Seinen Körper in diesen Entwicklungsschritten zu akzeptieren, ist oft über einen langen Zeitraum herausfordernd.

Zudem beginnen die Kids ihr eigenes Leben zu formen. Sie wollen selbst entscheiden, wie und mit wem sie ihr Leben *jetzt* führen wollen. Sie stellen sich bewusst oder unbewusst die Frage, welche Werte ihrer Eltern „richtig" und welche „falsch" sein könnten: welche ihrer Regeln kann ich für mein eigenes Leben gebrauchen? Welche Handlungsweisen sind für mein Leben undenkbar? Sie sortieren viele Denk- und Sichtweisen unentwegt neu. Was heute noch gut war, passt morgen vielleicht nicht mehr. Diese emotionalen Wechselbäder erfordern eine Höchstleistung von Körper, Geist und Seele. Manche Jugendliche ziehen sich in dieser Phase sehr zurück, stellen sich Sinnfragen, wirken launisch oder quälen sich durch Suizidgedanken. Andere wollen sich permanent austauschen (am besten nicht mit ihren Eltern – deren Ansichten kennen sie schon), schließen sich unterschiedlichen Gruppen an, verlassen ihr Nest und kehren zurück, um sich auf ihren nächsten Ausflug vorzubereiten.

4. Was brauchen die Kids in der Pubertät?

Interesse, Zeit, Vertrauen, Empathie und Widerstand. Sie brauchen erwachsene Vorbilder, die sich als Mentoren, Coaches und präsente Begleiter der jugendlichen Entwicklung verstehen – und als Trainingspartner, die in Zeiten des Widerstands ihre Führung halten und zeitgleich Gefühle wie Aggression, Wut und Ablehnung aushalten können. Die Kids brauchen eine Umgebung, in der ihr Recht auf Privatsphäre respektiert und ihre Rückzugsräume akzeptiert werden. Das aufrichtige Interesse der Erwachsenen an ihren teils neuen Themen zu spüren, den elterlichen Widerstand als „Box-Sack" nutzen zu dürfen, weil sie an warmer Reibung wachsen können. Sie brauchen die Sicherheit, bedingungslos geliebt zu werden. Die eigene Zeiteinteilung zum Verarbeiten neuer Gefühle und Gedanken vornehmen zu können, das wäre der Idealzustand.

5. Was kann ich als Erwachsener konkret einbringen?
Vertrauen, Empathie und Rückhalt. Das Augenmerk darauf zu haben, die Verantwortungsbereiche der Kids zu erweitern und ihre individuelle Herangehensweise zu tolerieren. Die Kraft aufzuwenden, ihr Probieren geduldig zu tolerieren – statt Regelwerke zu verfassen und Kontrolle auszuüben – wird jetzt zur Aufgabe.

6. Wie stelle ich sicher, dass die Schule, die Ausbildung oder das Studium erfolgreich verläuft?
Sie können sich in die Schuhe eines Mentors/Trainingspartners stellen. Helfen Sie dabei, dass Ihr Jugendlicher selbst wählt, welche Leistungsziele er erreichen will. In einem warmen Beziehungsklima ist es ein natürlicher Prozess, neue Herausforderungen zu suchen, sich diesen zu stellen, seine Ziele immer höher zu stecken und sie erreichen zu wollen. Ist diese Atmosphäre im Lernumfeld des Jugendlichen kaum oder gar nicht vorhanden, wird das Erbringen von schulischen Leistungen immer ein „K(r)ampf" bleiben. Werden Sie nicht müde, Ihre Unterstützung anzubieten. Auch hier gilt es, Vertrauen zu schenken, aufrichtiges Interesse am jeweiligen Thema zu zeigen, die Phasen des Scheiterns empathisch zu begleiten und den Jugendlichen vieles selbst entscheiden und machen zu lassen – ohne ihn dabei allein zu lassen.

Hier noch Sichtweisen, die für viele – nicht für jeden – hilfreich sein können:
- Die Kids lernen das Leben noch und sind auf die Führungsweisheit der Erwachsenen angewiesen.
- Erwachsene sollten stets einfach, klar und präzise mit Kindern und Jugendlichen kommunizieren, auf diese Weise ihre Be-

dürfnisse formulieren und ihre Grenzen aufzeigen. Nach diesem Vorbild kann ein Jugendlicher dies ebenfalls lernen.

■ Kinder und Jugendliche wollen gesehen und gehört werden. Ihre Würde gilt es zu respektieren und zu schützen – das können sie lange selbst noch nicht.

■ In der Schule trägt die Lehrkraft als Erwachsene die Verantwortung für die Beziehungs- und Kommunikationskultur zu ihren Schülern, zu Hause sind es die Eltern.

■ Die auf Verwaltung ausgerichteten Strukturen und die damit einhergehende Atmosphäre in den meisten Schulen ist völlig ungeeignet, um das Lehren und Lernen respekt-, vertrauensvoll, bunt, individuell und lebendig zu gestalten. Der Lehrerberuf ist unter diesen druckvollen Bedingungen für viele belastend, häufig frustrierend und führt deshalb oft zum Ausbrennen. Erwiesenermaßen ist es immer noch häufig das Ziel, die Persönlichkeit der Schulkinder diesen Bedingungen mit aller Gewalt anzupassen – notfalls durch Verabreichung von Medikamenten – obwohl überzogene Regelwerke und Sanktionen den Lernerfolg NICHT begünstigen. Die Umsatzsteigerungen der Nachhilfe-Institute belegen das ebenfalls.

■ In solchen kalten Beziehungsräumen ist die Wissensaufnahme für die Kinder weitaus schwieriger – manchmal unmöglich. Laut des Gehirnforschers, *Prof. Gerald Hüther*, (Vortrag 2009 in Freiburg „… ohne Gefühl geht gar nichts") gehen 40 Prozent der Kinder jeden Tag ängstlich zur Schule. Bleiben Sie also wach und aufmerksam für diesen Aspekt!

■ Bemühen Sie sich darum, ein stabiles Lehrer-Schüler-Eltern-Dreieck zu schaffen und aufrechtzuhalten. Falls die Kommunikation – die Beziehung zwischen Ihrem Kind und den Lehrern – problematisch verläuft, ist das ganz besonders wichtig. Ich empfehle Ihnen dringend, zu Beginn jedes Lehrer-Gespräches Ihren Wunsch zu verdeutlichen, dass Sie an einer Lösung interessiert sind und deshalb diesem Aspekt Ihre Gesprächs-Zeit

PRO PUBERTÄT – Häufig gestellte Fragen

widmen wollen. Andernfalls kann es sein, dass die kurze Sprechzeit mit dem Aneinanderreihen von Defiziten und Problemen ausgefüllt wird. Geben Sie der Lehrkraft die Möglichkeit, ihre eigene Wahrnehmung darzustellen und achten Sie darauf, dass Ihr Kind dasselbe Recht bekommt und Sie Ihren Standpunkt/Ihre Sichtweise vertreten können.

- Gehen Sie nie ohne Ihr Kind in die Lehrergespräche. Es geht um Ihr Kind, also ist es dabei. ÜBER das Kind zu sprechen, stellt einen hohen Vertrauens- und Integritätsverlust dar. Es geht darum, MIT dem Schüler zu sprechen. Sie brauchen sich nur vorzustellen, Ihre beste Freundin geht zu Ihrem Chef, um über Sie und Ihre Leistungen zu sprechen. Geht doch gar nicht, oder?
- Bleiben Sie offen für Alternativen zur bereits gewählten Bildungssituation. Nicht jedes Kind muss gleich auf Anhieb sein angedachtes Bildungsziel erreichen. Glücklicherweise kann jeder Mensch bis ins hohe Alter Aus- und Weiterbildungsprogramme besuchen.
- Bleiben Sie aufmerksam für die Neigungen und Begeisterungen Ihrer Kinder – fragen Sie nach deren Berufswünschen. Stellen Sie immer wieder klar, dass sich Ihre elterlichen Erwartungen, Träume und Wünsche nicht mit denen Ihrer Kinder decken müssen.
- Eine lebenslange, auf Freiwilligkeit basierende Beziehung ist möglicherweise die attraktivste Form der Liebe zwischen Eltern und Kindern. Entscheiden Sie selbst!

7. Wieso sind andere Menschen plötzlich viel interessanter als die Eltern?

Das Autonomie-Bedürfnis bedingt, dass Jugendliche ihre vier Wände verlassen, um die Welt mit ihren Augen zu betrachten. Andere Menschen, ihre Lehrer, ihre weitläufige Verwandtschaft, die Freunde der Geschwister, andere Familiensysteme, vor allem aber ihren engen Freundeskreis (aus ihrer jeweilig aktuellen Sicht) „neu" entdecken, einschätzen oder kennenlernen können – das ist für die meisten jetzt wichtig. Bereits gemachte Erfahrungen werden mit neuen Erkenntnissen und/oder Erlebnissen verglichen. Verhaltensweisen, Trends und Moden werden nachgeahmt. Das Ausprobieren ist reizvoll, um in der Praxis zu erleben bzw. zu entdecken, was sich am besten anfühlt: zu fühlen, zu sehen und von anderen zu erfahren, was cooler, witziger, provokanter, eleganter, hipper oder hopper ist. Immer wieder zu erleben, wie es ist, SO oder ANDERS zu sein. Auch in der Pubertät können die Kids nur aus Erfahrungen lernen, die sie selbst machen. Pubertierende haben ihren Fokus vorwiegend auf Äußerlichkeiten. Eltern könnten dabei helfen, die Aufmerksamkeit immer wieder auf ihre Gefühlswelt zu lenken. Mütter und Väter, ihre Bezugspersonen müssen jetzt entscheiden, welche Lebensbereiche für Entdeckungstouren geöffnet werden und welche besser noch verschlossen bleiben. Eltern müssen ihren „Box-Sack" zwischen „Verhandelbarem" und „Keinesfalls Verhandelbarem" hängen. Der sollte den jugendlichen Widerstand, die Kampfes- und Diskussionslust (manchmal auch Wut) aushalten.

EINLEITUNG

In diesem Buch geht es um die konstruktive Beziehungsgestaltung mit Kindern und Jugendlichen – gerade während ihrer Pubertät. Es richtet sich an Väter, Mütter, Großväter, Großmütter und andere Bezugspersonen, die zu ihnen eine beständige, wertschätzende auf Freiwilligkeit basierende, liebevolle Beziehung haben und pflegen wollen. Es richtet sich ebenfalls an Führungspersönlichkeiten, Lehrkräfte und Erzieher in schulischen und außerschulischen Einrichtungen, die ihre verantwortungsvolle Aufgabe, in einer die Entwicklung der Kinder und Jugendlichen optimal unterstützenden Atmosphäre ausfüllen wollen. Gerade auch dann, wenn Konflikte, Anforderungen, Meinungsunterschiede, Grenzverletzungen und Regelbrüche zu meistern sind.

Wenn ich in Folge von Eltern spreche, dann spreche ich damit selbstverständlich auch alleinerziehende Mütter und Väter an. Im Sinne einer besseren Lesbarkeit verzichte ich hier auf das Einhalten üblicher Genderregeln. Ich lebe Toleranz. Ich respektiere die menschliche Individualität und spreche deshalb auch jede und jeden gleichermaßen respektvoll an.

Seit mehr als 20 Jahren arbeite ich mit sehr verschiedenen Menschen im Alter zwischen sechs und 90 Jahren – mit all ihren Biografien und persönlichen Zielsetzungen. Unabhängig vom Alter und anderen Faktoren teilen sie eine Gemeinsamkeit: sie wollen verstanden werden und andere verstehen. Sie wollen als wertvolle Persönlichkeiten in ihren Gemeinschaften leben können.

Das liegt daran, dass unser Bedürfnis nach Verbindung und Wachstum mit Anderen bereits im Mutterleib angelegt und daher, laut Gehirnforschung ein menschliches Grundbedürfnis ist.

Wenn wir uns nicht mit anderen verbinden können, fehlt uns also „etwas" zu unserem Glück.

Die überlaufenen, therapeutischen Einrichtungen und auch die zunehmende Zahl an Burnout-Diagnosen zeigen, dass unsere Gesellschaft eine angsterfüllte Atmosphäre geschaffen hat – ein Klima, in dem sich zu viele Menschen nicht als Teil der Gemeinschaft fühlen, nicht entfalten, sich nicht mit all ihren Potenzialen zeigen können. Diese Angst verhindert Vertrauen – auch das Zutrauen in die eigene Originalität und alle darin angelegten Fähigkeiten.

Ängstliche Menschen ziehen sich häufig in ihre zerbrechliche Gefühlswelt zurück, dort fühlen sie sich wertlos und einsam. Diese Not resultiert zum Teil aus einem verletzten Selbstwertgefühl und auch aus dem Fehlen von Lebenskompetenzen wie Empathie, Kommunikationskultur, Selbstreflektion, Feedback-Fähigkeit und der Unterscheidungsfähigkeit von Wahrnehmung und Wahrheit. Diese sogenannten Soft Skills könnten aber entscheidend sein, um seine Lebens-Beziehungen erfüllend zu gestalten.

Meine Beratungspraxis zeigt außerdem, dass vielen Menschen die Worte dafür fehlen, ihre Empfindungen, Befindlichkeiten und Bedürfnisse sprachlich auszudrücken. Das ist eine zusätzliche Erschwernis im Dialog – vor allem mit sich selbst.

Helfen Sie sich und Ihren Mitmenschen dabei, die Worte für Gefühle und Empfindsamkeiten wie Trauer, Wut, Aggression, Glück, Liebe und Wohlfühlen zu finden. Ein großer Sprachschatz steht uns allen zur Verfügung – wir können ihn jederzeit nutzen, um unsere Bedürfnisse und auch Grenzen sichtbar zu machen.
Wie eine unterstützende Führungsqualität über die innere und äußere Kommunikation erreicht werden kann, möchte ich hier

aufzeigen. Dazu lege ich Ihnen mein selbst entwickeltes Kommunikationsmodell H^3 zugrunde:

- **Haltung:** Die eigene Haltung bzw. Einstellung wahrzunehmen, frei zu wählen und, wenn nötig, sie ändern zu können.
- **Herz:** Den Kontakt zu seinem Herzen (emotionalen Bedürfnissen) und damit zu den Herzen der anderen zu haben und zu behalten.
- **Hirn:** Sein – immer formbares – Gehirn mit Begeisterung zu nähren.

Dieses Kommunikationsmodell ist das Resultat meiner bisherigen Arbeit als Kommunikationstrainerin, als Lebens- und Sozialberaterin. Es enthält Gedanken und Reflektionen zu meiner Ausbildung bei *Jesper Juuls* Familienwerkstatt (familylab) sowie dem Studium einiger Bücher, Artikel und Vorträge von *Prof. Gerald Hüther*.
Nachdem ich vor fünf Jahren für Erwachsene, die mit Kindern und Jugendlichen außerschulisch arbeiten, ein eigenes Ausbildungsprogramm geschrieben und zur Zertifizierung[1] gebracht hatte, wurde es mein Bedürfnis, die wesentlichen Themen für einen zeitgemäßen Umgang mit jungen Menschen in einer Lektüre zusammenzufassen.

---

[1] Ausbildungsprogramm: Zertifizierte FachtrainerIn Kinder & Jugend Systemcert GmbH, Leoben.

PRO PUBERTÄT – Beziehungsgestaltung mit Haltung, Herz und Hirn

Viele Eltern, Lehrer, Trainer erzählen mir regelmäßig, dass sie gegenüber den Kindern sehr oft ihre Autoritäts-Position verteidigen, obwohl sie eigentlich gern anders, wärmer und verständnisvoller reagiert oder liebevoller mit ihren Jugendlichen kommuniziert hätten, aber …

Konfliktlösung kann dann ein interessanter Prozess sein, wenn er als solcher akzeptiert, angelegt und gelebt wird. Um Widerstände und Probleme zu meistern, müssen Erwachsene ihre Idee vom eigenen Perfekt-Sein-Müssen genauso aufgeben wie die Forderung an ihre Kinder, dass sich diese ihren Vorstellungen unterwerfen sollten.

Es gilt den Blick auf die Individualität unserer Kinder und Jugendlichen ständig klar zu halten und herauszufinden, wie wir ihre Entwicklung ideal unterstützen können. Das Schwierigste dabei ist für uns Erwachsene, die vollständige Verantwortung für die Atmosphäre zu übernehmen, in der wir mit unseren Kindern und Jugendlichen kommunizieren. Wir allein sind die führungsverantwortlichen Gestalter eines fruchtbaren Beziehungs- und Kommunikationsklimas, das Kindern und Jugendlichen die Rahmenbedingungen gibt, die sie für die Entwicklung ihres Selbstwerts und Selbstvertrauens dringend brauchen. Dazu müssen wir zunächst einen entscheidenden Faktor in unser Kommunikationsverhalten einbeziehen: jeder Mensch will von einem anderen gesehen und gehört werden.

ICH SEHE DICH – ICH BIN DA

"Ich sehe dich – ich bin da", dieses südafrikanische Begrüßungsritual des Stammes der Ubuntu[2] zeigt, worum es in der Kommunikation meines Erachtens immer geht: Menschen wollen gesehen werden und „da" sein dürfen.

Statt einfach nur „Hallo!" zu sagen, öffnen die Ubuntu ihre Herzen und sagen: „Ich sehe dich" (auch mit meinem Herzen). Das schafft den gemeinsamen Beziehungs-Geist – ein optimales, weil warmes Beziehungsklima. Wenn der andere zurück grüßt: „Ich bin da" (auch mit meinem Herzen), dann steht einem wohlwollenden Austausch kaum etwas im Wege. Die Ubuntu begrüßen sich nicht nur so. In ihrem Artikel machen *L. v. Merwe/James Nkosi*[3] deutlich, dass die Ubuntu mit dem Sehen und Da-Sein-Dürfen zugleich ihre Lebens-Einstellung, ihre Grundhaltung und ihre Ethik ausdrücken.

---

[2] Ubuntu-Ethik.
[3] Gesprächsauszug von Louis van Merwe/James Nkosi/Andrew Mariti.

Mein Ansatz ist der, dass wir ohne das Bewusstmachen unserer persönlichen Ethik – unserer Grundhaltung – das Wissen über unsere höchsten Werte keine selbstbewusste Kommunikations-Atmosphäre verantworten, keine unserer Individualität entsprechende, fruchtbare Beziehungskultur gestalten und Andere schon gar nicht führen können.

Deshalb noch einmal: Es ist eines unserer – im Mutterleib entwickelten – Grundbedürfnisse, uns mit anderen Menschen zu verbinden und gemeinsam mit ihnen zu wachsen. Jeder Mensch will gesehen und erkannt werden – als Individuum akzeptiert sein. Wenn diese Bedürfnisse nicht erfüllt werden (können), dann fehlt das Fundament, auf dem herzliche, zielführende, konstruktive und erfolgreiche Kommunikation aufbaut – es fehlt Vertrauen.

Der Gehirnforscher *Prof. Gerald Hüther* hat mir über seine Publikationen die Funktionsweisen des Gehirns in einer nachvollziehbaren Art und Weise erklärt. Er hat mir respektvoll und wertschätzend verdeutlicht, wie wir alle diese Erkenntnisse in unser Leben, unsere Lehren und vor allem in den Umgang mit Kindern einbeziehen könnten. Dennoch habe ich in allen Trainings, Beratungen und Lehrsituationen festgestellt, dass nur ganz wenige meiner Teilnehmer sofort Interesse oder Lust zeigten, sich dem Gehirn, diesem wesentlichen Organ, und damit auch ihrem eigenen Körper, zu widmen. Allein das Wort *Gehirnforschung* oder der Begriff *Neurobiologie* löste bei vielen zunächst Widerstand bzw. eine ablehnende Haltung aus. Die spontane Reaktion war: „Das ist mir zu kompliziert, das verstehe ich sowieso nicht." Diese Rückmeldungen waren mein Auftrag: ich kreierte den „Butler". Seitdem ich diesen bildsprachlichen Vergleich anstelle, ist das Interesse am Gehirn – im Kontext Beziehungsgestaltung – hoch und die Nachvollziehbarkeit offensichtlich gegeben.
Daher nenne ich auch hier das Gehirn *Butler*.

Der Butler:
Stell dir vor, dein Gehirn ist ein überaus vielseitig begabter Butler mit einer ausgesprochen hohen, emotionalen Intelligenz. Er wurde exklusiv für dich ausgebildet – mit einem einzigen Auftrag: deinem Körper und deinem Geist zu dienen! Er ist von Natur aus motiviert, deine Persönlichkeit in all ihren Facetten zur Entfaltung zu bringen. Schon deshalb weckt er unaufhörlich deine Neugier für alle Themen, die dein Leben umgeben. Der Butler findet das Futter für deinen Lernhunger und ortet die Quellen zum Stillen deines Wissensdurstes. Wenn du Probleme lösen und Antworten auf Fragen finden willst, dann mobilisiert er freudvoll alle seine Kräfte. Dein Butler ist ein Stratege, ein kreativer Tüftler, ein furchtloser Entdecker und ein großer Denker. Er ist Gipfelstürmer, Tiefseetaucher, Trüffelschwein und Anstifter – eben alles, was er sein muss, um deine Inspiration mit ständiger Begeisterung anzufeuern.
Dein Butler ist so viel mehr als dein Diener. Der Butler ist dein guter Geist!
Achtung: er ist dein sensibler Feingeist.

Wenn Sie sich diese Fragen beantworten, dann wissen Sie, unter welchen Bedingungen Ihr Gehirn, „der Butler", am besten arbeitet:

- Wenn das ein reales Arbeitsverhältnis wäre, was glauben Sie, müssten Sie ihm als Boss für ein Arbeits-Umfeld bieten, um ihn motiviert zu halten?

- Welche Voraussetzungen müssten gegeben sein, damit der sensible Feingeist 24 Stunden am Tag arbeiten kann?

- Welche Boss-Qualitäten brauchen Sie, damit er Ihnen und Ihrem Vorhaben bestmöglich dienen kann?

- Welches Betriebsklima würde den Butler arbeitsunfähig machen?

Der Butler ist im Dauereinsatz – exklusiv für dich, denn du bist der Boss! Du machst die Ansagen und der Butler führt deine Aufträge aus. Wenn du als Boss noch zu wenig Lebenserfahrung hast, also ein Kind bist, dann sagen andere, wie dein Butler für dich arbeiten soll. Das ist eine lehrreiche Zeit im Leben des Butlers, denn er MUSS zeitweise so arbeiten, wie es andere wünschen – auch dann, wenn er erkennt, dass das gar nicht gut für deine gesamte Persönlichkeit, deine Individualität ist. Weil der Butler aber lösungsorientiert bleibt, erfindet er Strategien, die deinen Körper,

> dein Herz, alle deine Sinne, aber vor allem deinen Wesenskern schützen sollen. Dann vollbringt er folgende Glanzleistung: Der Butler begrenzt seine Arbeit allein darauf, dich abzuschirmen, dich zu schützen. Wenn es sein muss, eröffnet er dir eine Phantasiewelt, in die du dich zurückziehen kannst. So hält er deinen Schmerz in Grenzen. Natürlich hat dieses Notprogramm Folgen: Wenn der Butler mit deiner inneren Sicherheit beschäftigt ist, kann er sich nicht in vollem Umfang um deine Entwicklung im äußeren Raum, wie zum Beispiel der Schule, kümmern. Deine kindliche Neugierde schläft, deine Phantasie friert ein, deine Kreativität pausiert, dein Wissensdurst hungert und vor jedem Neuland steht „Betreten verboten!". Ein warmes, vertrauensvolles, wertschätzendes und freudvolles Klima erhält die angeborene Neugierde und den kindlichen Forscherdrang.

Jeder, der schon einmal für einen Chef gearbeitet hat, weiß, wie maßgeblich ein respektvolles, wertschätzendes Betriebsklima über Motivation, Kreativität, Lösungsbereitschaft entscheidet und somit auch die Qualität der Leistungen beeinflusst.

Genauso braucht unser Gehirn – *der Butler* – eine grundsätzlich freundliche, warme Atmosphäre, in der es all seine Potenziale entfalten kann.

Dieses hohe Maß an Verantwortung drückt sich aus meiner Sicht weder in einem überfürsorglichen Verhalten von Erziehenden aus, noch dadurch, dass wir Kinder und Jugendliche mit Regelwerken überziehen. Im Zusammenleben rücke ich die Verantwortung für den Schutz ihrer Würde (Selbstwert) an die erste Stelle. Der Selbstwert, die menschliche Würde, die Integrität der Menschen ist ihr höchstes Gut. Wir Erwachsene müssen daher den Umgang mit uns selbst entsprechend würdevoll gestalten. Das können wir, indem wir lernen und üben, auch uns selbst jenseits von Leistungsnachweisen wertvoll zu fühlen.

Nur wenn wir uns das Recht nehmen, allein durch unser Dasein würdevoll zu sein und es zu bleiben, ist es möglich, dass wir im Umgang mit anderen achtsam, respektvoll und tolerant sind und es – gerade im Konfliktfall – auch bleiben. An dieser Stelle möchte ich mit Ihnen einen Ausflug in dieses Wesensfeld starten, das viele sehr selten, manche niemals betreten: die Menschenwürde.

DIE WÜRDE –
EIN ZERBRECHLICHES GUT

Um die Menschenwürde von Kindern und Jugendlichen schützen zu können, sollten wir unmissverständlich definieren, was mit der Integrität, dem Selbstwert eines Menschen gemeint ist. Welche Werte, welche Gefühle und Bedürfnisse sich dahinter verbergen. Selbstwert und Selbstvertrauen trennt *Jesper Juul*, wie ich finde, sehr gut voneinander. Selbstvertrauen entsteht und wächst als Summe aller Fähigkeiten und Fertigkeiten – unabhängig vom empfundenen Selbstwert. Den Selbstwert erwirbt sich der Mensch kraft seiner Geburt – das ist seine menschliche Würde. Kinder und Jugendliche können ihren Selbstwert noch nicht schützen, das müssen die Erwachsenen leisten.

Dudendefinition
Selbstwert(-Gefühl): Gefühl für den eigenen Wert
Die Menschenwürde: geistig-sittliche Würde des Menschen
www.dudenonline.de

Rechtlich bindende Auslegungen der Menschenwürde
Die Menschenwürde in der Rechtsprechung des deutschen Bundesverfassungsgerichts – ein Auszug:

Das deutsche Bundesverfassungsgericht hat den Begriff der Menschenwürde in zahlreichen Entscheidungen definiert. Hiernach bezeich-

> *net die Menschenwürde den Wert- und Achtungsanspruch, der dem Menschen kraft seines Menschseins zukommt, unabhängig von seinen Eigenschaften oder geistigem Zustand, seinen Leistungen oder sozialem Status.* Im Verständnis des deutschen Bundesverfassungsgerichts bezieht nach der Ordnung des Grundgesetzes der Staat seine Legitimation allein daraus, dass er den Menschen konkret dient. Die Menschwürde ist damit der oberste Grundwert und die Wurzel aller Grundrechte. Als einzige Verfassungsnorm gilt die Menschwürde absolut, sie kann durch keine andere Norm beschränkt werden, auch nicht durch ein anderes, von der Menschenwürde abgeleitetes Grundrecht.
>
> http://www.grundrechteschutz.de/gg/menschenwurde-2-255

In der Charta der Grundrechte der Europäischen Union (200/C83/02) sind Menschen und gesondert auch die Rechte der Kinder gesichert:

> Titel 1 „Würde des Menschen"
> Artikel 1 „Die Würde des Menschen ist unantastbar"
> Artikel 3, Absatz 1 Jeder Mensch hat das Recht auf körperliche und geistige Unversehrtheit.

Wann hatten Sie zuletzt das Gefühl, dass Ihre Würde angetastet wurde – sie nicht gewahrt oder geschützt wurde? Zum Beispiel als Ihre Frau Sie für einen jüngeren Mann verlassen hat? Oder war es der Moment, als Ihnen Ihr Mathe-Lehrer sagte, das wird NIE was? Waren Sie in Ihrer Würde gekränkt, weil Ihre Großeltern Ihren Bruder oder Ihre Schwester bevorzugten? Oder war es die Situation, als alle ins Skilager fahren durften, nur Ihr Kind konnte aus finanziellen Gründen nicht mitreisen?

Wir sind schon rein sprachlich kaum in der Lage, das Gefühl, das sich als unser Wert – unsere Würde bemerkbar macht, auf den Punkt genau zu beschreiben oder in unserem Körper zu orten. Wie sollten wir also gleich Situationen parat haben, in denen unserem Selbst der Wert abgegraben wurde?

Es lohnt sich, zu spüren und zu verbalisieren, wann und warum Sie sich in Ihrer Würde gekränkt fühlen. Bemerken Sie, welche geistigen und körperlichen Reaktionen sich in Ihnen breit machen. Beginnen Sie vielleicht sogar damit, zu notieren, warum, wann, wieso und mit wem oder durch wen Ihre Würde gekränkt, Sie sich in Ihrem Selbstwert eingeschränkt fühlten und fühlen.

Mit der Zeit, wenn Sie dieses kostbare Gefühl besser kennengelernt haben, übernehmen Sie aktiv die Verantwortung für den Schutz dieses zerbrechlichen Wertes. Sie lernen Ihre Bedürfnisse und Grenzen zu bemerken. Sie beginnen, sich Trost zu spenden, wenn Ihre Würde gekränkt wurde und es gelingt Ihnen immer besser, sich aus eigener Kraft wieder aufzurichten. Sie können klar und deutlich „JA" und „NEIN" zu sich und Anderen sagen.

Würdevoll zu leben, bedeutet vielleicht auch, seine Lebensbedingungen aktiv – im Sinne seiner Selbstwert-Erhaltung zu gestalten. Jene Situationen zu verringern, in denen man sich als passives Opfer von Umständen oder der Willkür anderer Menschen ausgesetzt fühlt. Diese Lebensart wirkt sicherlich vorbildhaft auf Kinder und Jugendliche. Sie könnten daraus resultierende Erfah-

rungen, mögliche Kommunikationsweisen und Umgangsformen als sinnvoll, und deshalb als nachahmenswert empfinden.
Die UN-Konvention über die Rechte des Kindes sieht vor:

Beispiel, Artikel 16, Absatz 1. und 2.
1. Kein Kind darf willkürlichen oder rechtswidrigen Eingriffen in sein Privatleben, seine Familie, seine Wohnung oder seinen Schriftverkehr oder rechtswidrigen Beeinträchtigungen seiner Ehre und seines Rufes ausgesetzt werden.
2. Das Kind hat Anspruch auf rechtlichen Schutz gegen solche Eingriffe oder Beeinträchtigungen.

Beispiel, Artikel 19, Absatz 1
Die Vertragsstaaten treffen alle geeigneten Gesetzgebungs-, Verwaltungs-, Sozial- und Bildungsmaßnahmen, um das Kind in jeder Form vor körperlicher oder geistiger Gewaltanwendung, Schadenszufügung oder Misshandlung, vor Verwahrlosung oder Vernachlässigung, vor schlechter Behandlung oder Ausbeutung einschließlich des sexuellen Missbrauchs zu schützen, solange es sich in der Obhut der Eltern oder eines Elternteils, eines Vormunds oder anderen gesetzlichen Vertreters oder einer anderen Person befindet, die das Kind betreut.

PRO PUBERTÄT – Die Würde – ein zerbrechliches Gut

Warum lernen wir so wenig über diesen hohen Wert, der unabdingbar zu unserem Selbst, dem Menschsein gehört? Wenn wir im täglichen Miteinander diesen hohen Wert wahren, respektieren und einbeziehen würden, könnten wir dann vielleicht gleichzeitig Demütigungen, Ausgrenzungen, das Diskriminieren anderer Sichtweisen, das Herabwürdigen anderer Kulturen und Religionen minimieren oder gar ausschließen?

Könnte es dann überhaupt noch geschehen, dass Kinder und Jugendliche durch erwachsene Bezugspersonen kategorisiert, herabgesetzt oder ausgegrenzt werden würden? Dass sie sowohl psychisch als auch physisch gequält, verletzt und/oder sexuell missbraucht werden könnten?

Vorbildlich sind aus meiner Sicht jene, die ihre Würde – gerade im Konfliktfall – wahren. Sie können sagen: so geht es mir und können fragen: wie geht es dir? Das aufrichtige Interesse an den Antworten und die entsprechenden Verhaltensweisen wirken förderlich auf ein warmes Beziehungsklima – erhalten und stärken den Selbstwert unserer Kinder und Jugendlichen. Ihre Würde darf und soll nicht durch Fehlverhalten oder durch das Scheitern auf einzelnen Spielfeldern infrage gestellt und/oder verletzt werden.

Stellen Sie sich vor, jeden Tag würden Sie und Ihre Kollegen im Job über mehrere Stunden mit Schimpfwörtern belegt wie „du bist zu faul" – „ihr seid zu blöd" – „wie oft muss man dir das denn noch erklären" ... und so weiter. Hätten Sie in diesem Klima genug Vertrauen, um Fehler zu machen? Aber lernen bedeutet, Fehler machen zu dürfen. Würden Sie sich in so einem Klima tagtäglich noch Mühe geben wollen, Leistungen zu erbringen?

Glauben Sie, dass so ein Klima förderlich auf Ihre Begeisterungsfähigkeit, Phantasie und Kreativität einwirkt – diese fördert?

Der Selbstwert von Kindern und Jugendlichen soll keinen Schaden nehmen, indem Erwachsene sie mit Schimpfwörtern, Beleidigungen oder wie in der Pubertät meistens mit schubladisierenden Äußerungen belegen. Hier halte ich es gern mit dem Sprichwort: *Was du nicht willst, dass man dir tu', das füge keinem anderen zu.*

Ich bin Mitte 50. Mich fragt niemand, ob ich schon in den *Wechseljahren* bin oder in einer Art *Midlife-Crisis* stecke. Solche Fragen stellen sich Erwachsene üblicherweise nicht. Jugendliche dagegen hören sich über Jahre hinweg von Erwachsenen Sätze an wie: „Wegen Umbau geschlossen", „Pubertät macht blöd", „Pickel-Pepe" und vieles mehr. Oft genug stehen Jugendliche beschämt daneben, wenn ihre Eltern von Bekannten und Freunden mitleidig dafür getröstet werden, dass ihre Kinder gerade in der Pubertät stecken. Das ist so, als würde mein Sohn in meiner Gegenwart dafür bedauert werden, dass ich altersbedingte Gefühlsschwankungen haben könnte.

Ich habe mir in den letzten Jahren von Eltern, Kindern, Jugendlichen, Lehrkräften und Sozialarbeitern unzählige, unterschiedliche Geschichten über verletzende Äußerungen zum Thema Pubertät angehört. Ich verzichte gern auf das Ausführen dieser Beispiele. Stattdessen möchte ich Sie, liebe Leser, für die Idee gewinnen, grundsätzlich einzugreifen, wenn Sie Zeuge einer solchen Integritätsverletzung werden. Das Kategorisieren, Schubladisieren, Beleidigen, Herabwürdigen von jungen Menschen sind keine Kavaliersdelikte. Die wahrscheinlichen, schädlichen Folgen sind nämlich für niemanden einschätzbar.

PRO PUBERTÄT – Die Würde – ein zerbrechliches Gut

„Der Butler eines Kindes reagiert empfindlich auf Ablehnung, Abwertung und Ausgrenzung. Übrigens mag der Butler auch keine erwachsenen Besserwisser, die seinem Kind den Mut rauben, seine eigenen Erfahrungen zu machen, aus Erkenntnissen und Entdeckungen zu lernen und daran zu wachsen. Wenn die Atmosphäre – sein Arbeitsklima – durch äußere Umstände vergiftet, auf der Seele seines Kindes herumgetrampelt wird, dann resigniert der Butler: er schaltet auf das Beruhigungs-Programm. In einer Endlos-Schleife wiederholt er dieselben negativen Botschaften wie die Erwachsenen: „du bist zu blöd", „du bist nicht gut genug", „die anderen sind besser als du". Zunächst wirkt dieses Notfallprogramm beruhigend – auf ihn und sein Kind, denn das Denken des Kindes deckt sich mit den Äußerungen der Umwelt. In diesem respektlosen Klima stellt der Butler seine Sensoren auf Misstrauen und warnt sein Kind bald auch vor Menschen, die es gut meinen – wie zum Beispiel die neue Religionslehrerin. Sie kann noch so oft sagen, wie schlau und aufmerksam das Kind ist. Bevor der Butler seine Einstellung wieder in den Vertrauensmodus bringt, wird er die neue Lehrerin mit unterschiedlichen Verhaltensweisen testen. Zum Beispiel: keine Reaktion zeigen, widerwillig sein, Unmut ausdrücken. Von cool bis ätzend sind da alle Verhaltensvarianten möglich. Der Butler will zunächst wissen, ob auch diese Lehrerin seinem Kind sagen wird: du bist dumm – du verlässt den Raum – deine Eltern haben

> *dich schlecht erzogen. Der Butler weiß, dass die meisten Erwachsenen nur drei dieser Testphasen aushalten, um dann genauso zu sein wie alle anderen, die ihr Kind in der Vergangenheit abwerteten, ablehnten und damit ausgrenzten. Falls die neue Lehrerin auch so ist, dann hat der Butler durch sein Notfallprogramm sichergestellt, dass sein Kind weniger Schmerzen erleiden musste, als die Male zuvor. Eine angstvolle Atmosphäre verhindert Konzentration, Merkfähigkeit und den Zugriff auf die Sprache. Das Wundermittel gegen Angst heißt Vertrauen!*

Kinder und Jugendliche lernen diese Fähigkeit des Selbstwert-Schutzes von ihren Bezugspersonen. Aber können wir Erwachsene die Integrität unserer Kinder tatsächlich wahren? Dazu müssten wir uns erst einmal selbst jenseits einer Leistung als wertvoll erachten können. Aber mag ich mich selbst wirklich auch dann noch, wenn ich nichts leiste? Wie geht wertvoll sein und sinnvoll nichts tun? Fühle ich mich nur dann wertvoll, wenn mein Chef mich lobt? Mag ich mich selbst dann, wenn ich keine Ergebnisse vorweisen kann? Bleibe ich im Fall des Scheiterns würdevoll?

Liebe ich meinen Sohn auch dann bedingungslos, wenn er schlechte Noten bringt – meine Tochter, wenn sie die Schule abbricht? Wie hoch ist mein Selbstwert, wenn meine Schwiegereltern mich ablehnen? Wie wertvoll fühle ich mich, wenn ich mein Haus verkaufen und in eine Mini-Wohnung ziehen muss? Wie würdevoll bleibe ich, wenn ein Orkan meine gesamten, mit Erinnerungen überzogenen Besitztümer vernichtet und ich plötzlich obdachlos, ohne Kleidung, ohne Auto – ohne all das bin, für das ich gearbeitet – für das ich bis hierhin gelebt habe?

Leider ist es in unserem Gesellschaftssystem nur sehr schwer denkbar, sich ohne berufliche Erfolge, Besitztümer und materielle Güter als wertvoll zu erachten. Deshalb handeln viele Menschen ausschließlich leistungsorientiert.
Der Moment, in dem Eltern ihr frischgeborenes Baby betrachten, sich einfach nur darüber freuen, dass es da ist, scheint jener winzige Augenblick zu sein, in dem das Kind für sein reines Dasein – ohne dafür etwas einbringen zu müssen, bedingungslos geliebt wird. Kurze Zeit später schon, natürlich auch bedingt durch die elterliche Fürsorge, werden bereits die ersten Vergleiche gezogen, die Entwicklungsschritte anhand von Tabellen dokumentiert und Bücher über das Durchschlafen gekauft.

So schlittern wahrscheinlich viele Eltern unbemerkt in den Leistungsgedanken. Sie wollen gute, sehr gute, perfekte Eltern sein und dieses Richtigmachen, Gutsein soll sich am Kind natürlich auch zeigen. Aus meiner Sicht bräuchten wir alle sehr viel weniger für das ‚Glück' unserer Kinder tun, wir könnten uns häufiger in diese Momentaufnahme vor dem Babybettchen hinein fühlen und von diesem Ort aus – heute mit unseren Kindern zusammen sein.

Seinen eigenen und den Selbstwert seiner Kinder kann nur stärken, wer lernt, sich per se selbst als wertvoll zu erachten. Seine Bedürfnisse, die dahinterliegenden Gefühle, ernst zu nehmen und ebenso seine Grenzen wahrzunehmen und entsprechend aufzuzeigen. Sicher zu wissen, sich daran zu erinnern als Kind von jemandem bedingungslos geliebt worden zu sein und seine Kinder auch selbst bedingungslos lieben zu können, das stärkt das Selbst – gibt diesem den Wert.
Was hier für Sie vielleicht sehr „blumig" geschrieben steht, ist in unserer auf Leistung ausgerichteten Gesellschaft – mit diesen von Werbefiguren dargestellten Idealen – eine äußerst schwere Aufgabe. Ein paar Gramm Fett zu viel, eine Narbe im Gesicht, der

vom Stillen geschrumpfte Busen oder die zu früh ausgedünnte Haarpracht stellen für viele bereits Makel dar, die ihr Selbstwertgefühl massiv schwächen. Wie sonst wären die unglaublichen Gewinne jener Unternehmen möglich, die allein für das Erreichen von Schönheitsidealen, also ohne erkennbare Not zu lindern, etwa mit plastischer Chirurgie, Haartransplantationen, Botox-Unterspritzungen, Diäten und Fitnessprogrammen Millionen von Menschen vermeintliches Glück verkaufen können? Ich habe bislang leider noch keine auf Äußerlichkeiten konzentrierten Menschen mit Haartransplantationen, Brustimplantaten oder Botox-Gesichtern gesehen, gehört oder über sie gelesen, die dadurch ihren Selbstwert erhöhen konnten.

Indem ich meine individuellen Fertigkeiten und Fähigkeiten nutzen und auf ihnen aufbauen kann, erhöhe ich das Vertrauen in mein Selbst. *Jesper Juul* sieht es als nicht erwiesen an, dass das Erbringen von Leistungen gleichzeitig dazu führen kann, seinen Selbstwert zu erhöhen. Ein Einser-Schüler – eine hochbegabte Klassenüberspringerin hat mit Sicherheit ein starkes Selbstvertrauen in Bezug auf das Erbringen von schulischen Leistungen, jedoch nicht unbedingt auch ein stark ausgeprägtes, gefestigtes Selbstwertgefühl.
Wenn Sie das bezweifeln, dann empfehle ich Ihnen, Biografien von Künstlern zu lesen, wie zum Beispiel Edith Piaf oder Michael Jackson. Sie waren Superstars ihrer Zeit – sie begeisterten, berührten und verdienten Millionen mit ihren außergewöhnlichen, gesanglichen und tänzerischen Talenten. Ihren menschlichen Wert, ihr Selbst, ihre Integrität aus eigener Kraft schützen und würdevoll bleiben, konnten sie deshalb aber leider nicht. Im Gegenteil, sie haben sich selbst, so sehe ich das, auf grausame Weise ihrer Würde beraubt. Vielleicht erklärt ihre kurze, von Erwachsenen missachtete Kindheit, warum ihr Selbstwertgefühl so gering war.

GLAUBWÜRDIGKEIT

Kinder und Jugendliche wachsen sowohl an unserer Anerkennung als auch an unserem Widerstand. Sie beobachten sehr genau, ob unser Lebenswandel sich mit den Regeln deckt, die wir für sie aufstellen. Sie lernen vorwiegend von unserem täglichen Mensch-Sein, vielleicht sogar in jenen Momenten, in denen wir uns von ihnen gänzlich unbeobachtet fühlen.
Sie sind, weit mehr als wir Erwachsenen, auf der Suche nach echter Menschlichkeit. Diese zeigt sich eben auch auf unseren fehlerhaften, kantigen und verletzlichen Seiten. Diese Seiten – so fühlen es die meisten von uns – gehören zum Intimsten, das wir besitzen. Diese Seiten sind nur selten für die Öffentlichkeit bestimmt und werden deshalb meist raffiniert gesichert.

Wir lenken häufig auch geschickt von ihnen ab, tarnen uns mit Masken und perfekt einstudierten Rollen – passend für unzählige Anlässe. Das Selbstgespräch dazu verläuft meist so: Ich zeige mich nicht von meiner privaten Seite, wenn ich im Job bin – ich verstecke meine Schwächen, wenn ich meine Kinder erziehe, ich verstecke meine Sorgen, wenn ich mit anderen Müttern rede, ich bin der Starke, wenn ich mich mit anderen Vätern treffe. Ich bin wieder Kind, sobald ich zu einem Lehrergespräch meiner Tochter gehe, ich gebe mich als die perfekte Ehefrau, wenn meine Schwiegermutter kommt.

Wir schlüpfen ungewollt in beliebte Rollen und nennen das Diplomatie oder Anpassungsgabe. Auf unsere Kinder wirken diese unterschiedlichen Figuren irritierend, denn sie sehen uns oft genug genau dann, wenn wir demaskiert ganz wir selbst sind. Sie wollen nicht mit unseren Masken leben, sondern mit unserer wahrhaftigen Menschlichkeit dahinter.

Für jeden Heranwachsenden sind es unbedingt auch die erwachsenen Vorbilder, die maßgeblich zu seiner Werte-Entwicklung beitragen. Alle Kinder brauchen weibliche und männliche Vorbilder. Und diese unterschiedlichen Vorbilder dürfen auch gern unterschiedliche Meinungen und Ansichten vertreten.

Eltern beschließen oft, ihren Kindern eine einheitliche Sichtweise bieten zu wollen. Daraus ergeben sich sehr viele Beziehungskonflikte. Es ist ja nicht leicht, sich einer Meinung zu unterwerfen, die vielleicht nicht nachvollziehbar oder undenkbar für einen selbst ist. Ich empfehle Eltern, ihre unterschiedlichen Meinungen gegenüber ihren Kindern zu äußern, denn Vielseitigkeit schafft die Grundlage zur Meinungsbildung. Menschen wollen sich verbinden – das bedeutet sicher nicht, dass sie sich gedanklich und emotional gleichen müssen. Die Meinung des anderen zu respektieren, eine für alle akzeptable Entscheidung im Sinne der Fragestellung zu treffen, das ist die Aufgabe, an deren Lösung die Erwachsenen gemeinsam mit ihren Kindern wachsen und den Kindern ein gutes Training darin bieten können.

Wir Erwachsene müssen uns entscheiden, ob wir einen echten, aufrichtigen und respektvollen Kontakt mit Kindern und Jugendlichen wollen – das bedeutet, sich wahrhaftig, natürlich und vor allem herzensgeleitet auszudrücken. Andernfalls, versteckt hinter der Rolle des perfekten Vaters, der perfekten Mutter, gefährden wir wahrscheinlich einen stabilen Entstehungs- und Entwicklungsprozess ihrer Werte, ihrer Bedürfnisse und Grenzen.
Unsere Kids könnten sonst unsere Erziehungsrituale an eine Kommunikations- und Beziehungsatmosphäre koppeln, die das Erfinden von Selbstverleumdungs-Strategien begünstigt.

Die Konsequenzen aus den jeweiligen Wahlvarianten der Kinder haben ihre erwachsenen Vorbilder zu verantworten, nicht sie. Un-

PRO PUBERTÄT – Glaubwürdigkeit

sere Kinder und Jugendlichen sind sehr lange auf die Führungsweisheit Erwachsener angewiesen.
Sie wollen von uns in ihrer Individualität, das heißt ihrer Entwicklungsphase, mit ihrem eigenen Wesen, ihrem Temperament und ihren Handlungsmöglichkeiten gesehen werden – auch mit unseren Herzen.
Sie wollen ihre eigenen Lösungsvorschläge einbringen können und genau so wie sie sind, als wertvoller Teil unserer Gemeinschaft respektiert werden. Zu Recht, denn sie wurden von uns in dieses Leben geholt – sie haben es nicht selbst gewählt.

WERTE STELLEN UNS EIN

Die meisten Menschen, die ich in meinen Beratungsstunden nach ihren Werten frage, zeigen mir ein Schulterzucken. Die wenigsten kennen die Werte und Glaubenssätze, die ihrem täglichen Handeln und ihrer Kommunikation zugrunde liegen. Solange unser Leben glücklich, erfüllt und ganz nach unserem Willen verläuft, können diese Themen auch vernachlässigt werden.
Wenn wir unsere Kommunikations- und Handlungsweisen allerdings ergründen wollen, dann müssen wir wissen, dass sie es sind, die unsere Einstellungen maßgeblich formen. Unsere höchsten Werte sind der Nährboden für das Beziehungsklima, das wir für uns und um uns herum schaffen.

Der Kärntner NLP-Trainer *Dietmar Grössing*[4] hat eine, wie ich finde, sehr nachvollziehbare Art der Werteuntersuchung ermöglicht. Er unterscheidet zwischen Freude- und Schmerzwerten. Liebe ist für die meisten ein Freudewert, Neid für viele ein Schmerzwert. Da, wie es Grössing beschreibt, unser Gehirn die Freude sucht und den Schmerz vermeidet, fühlen wir uns selbstverständlich mit unseren Freudewerten sehr wohl. Diese sorgen für unsere emotionale Befriedigung. Sie erfüllen uns. Sie stillen die Bedürfnisse, Sehnsüchte, Hoffnungen, die der Wahl unserer Werte zugrunde liegen.
Freudewerte können zum Beispiel sein: Liebe, Verantwortung, Abenteuer, Freiheit, Spiritualität, Unabhängigkeit, Individualität, Familie, Ehrenhaftigkeit, Loyalität, Integrität, Erfolg, Respekt, Wertschätzung, Empathie, Kreativität, Lernbereitschaft, Weiterentwicklung und viele mehr.

---

[4] Dietmar Grössing, NLP-Trainer (heißt: Trainer für neurolinguistisches Programmieren, Buch: Finde Deine Bestimmung.

Ob ein Wert für Sie Relevanz hat, erkennen Sie daran, ob die Gefühle, die sich hinter ihm verbergen wohltuend auf Sie einwirken. Wer zum Beispiel *Familie* als seinen höchsten Freudewert beschreibt, fühlt als Bedürfnis hinter diesem Wert meist Geborgen-, Verbunden- und Vertrautheit. Freudewerte wirken emotional sättigend in uns.

Die Schmerzwerte, zum Beispiel Neid, Eifersucht, Habgier, Minderwertigkeitsgefühle, Kritikunfähigkeit, Einsamkeit oder Misstrauen, bereiten uns Gefühle, die wir versuchen zu vermeiden, weil sie unangenehm oder sogar unerträglich in uns wirken. Durchaus dienlich können diese schmerzhaften Werte aber dann für uns sein, wenn wir uns ihnen stellen, indem wir sie als Teil unseres Selbst akzeptieren. Zum Beispiel so: Wer Angst vor Kritik hat, kann sich in Kritikannahme üben. Wer Angst vor Misstrauen hat, kann üben, seine Kontrolle abzugeben und anderen zu vertrauen – ihnen etwas zuzutrauen. Wer sich schnell minderwertig fühlt, kann beginnen, seinen Selbstwert zu erhöhen. Sich für die hellen und dunklen Seiten seiner Individualität selbst wertzuschätzen zu lernen, fördert zudem die Toleranz für die gefühlten Unzulänglichkeiten anderer.

Der Butler – vor allem das kindliche Gehirn – ernährt sich von bedingungsloser Liebe, Begeisterung, Entdeckungsfreude, Zuneigung, aufrichtigem Interesse, Anerkennung und Wertschätzung. Mit dieser Art gefühlvoller Nahrung wird der Butler satt – das Kind entwickelt eine vertrauensvolle Grundhaltung, konstruktive Glaubens- und Handlungssätze und erlebt sein Dasein als erfüllt. Der Butler entfaltet die Potenziale mehr und mehr – Herausforderungen werden erfolgreich bewältigt – Selbstwertgefühl und Selbstvertrauen wachsen. Aus den damit einhergehenden Gefühlen werden Haltungen, wie Neugier, Offenheit, Entdeckerfreude und Zuversicht.

Das kindliche Gehirn hingegen, das mit Abwertung, Ausgrenzung, Desinteresse, Neid, Geiz und dergleichen Ungesundem abgespeist wird, erleidet ein spür- und sichtbares Mangelgefühl. So ein falsch genährter Butler ist unerfüllt. Er stellt sich auf Ersatzbefriedigungen ein und weil diese sein Leid nur kurzfristig lindern, zieht er sich mehr und mehr zusammen. Die Potenzialentfaltung friert merklich ein. Angst und Selbstzweifel führen zu Stress – häufig dauerhaft. Aus diesen negativen Erfahrungen, den damit verbundenen Gefühlen, entstehen destruktive Haltungen und Strategien, wie zum Beispiel Ersatzhandlungen, Vermeidung, Selbstzweifel, Versagensängste. Der Butler braucht weder Belohnung noch Bestrafung. Mit der Bewältigung einer Herausforderung, dem Lösen einer Aufgabe wird die Lust an

> höheren Aufgaben geweckt. Erwachsene, die diesen Glücksmoment „aufrichtig" mit ihrem Kind teilen, verstärken so diesen bereits offensichtlichen Erfolg. Wenn Kinder eine miserable Note bekommen, sei es nur, weil sie tatsächlich den Lehrstoff noch nicht verstanden haben, dann verursacht diese Art des Scheiterns in ihnen Schmerzen. Der schädliche Nährboden für Selbstzweifel ist angelegt. Kinder, die scheitern brauchen deshalb von Erwachsenen Verständnis, Vertrauen und Empathie. Sie brauchen eine warme Atmosphäre, in der sie das Aufzeigen von Lösungsmöglichkeiten für ihre Probleme nicht als Kritik, vielmehr als Unterstützung erleben.

Es scheint wesentlich zu sein, dass wir die Gefühlslagen unserer Kinder mit ihnen gemeinsam immer wieder sprachlich ausdrücken. Dass wir ihnen helfen Empfindungen, Gefühle, Grenzen über Worte sichtbar machen zu können, um ihnen und auch uns die Möglichkeit zu geben, daraus resultierende Glaubenssätze, Haltungen und Einstellungen zu erkennen. So können wir Werte kennenlernen – die, die uns wichtig und jene, die für uns schmerzhaft sind.

Seine Werte zu definieren, bedeutet, mit seiner Dualität konfrontiert zu sein. Also auch mit den Seiten seiner Persönlichkeit, die anstrengend wirken können. Sobald wir annehmen können, dass wir nicht nur Engel, sondern manchmal eben auch Bengel sind, könnten wir diese schmerzhaften Kratzer auf unsere Gefühlslage als wesentliche Merkmale unseres Charakters definieren und sie als Sahnehäubchen unserer Persönlichkeit zu schätzen beginnen. Schmerzwerte – unsere Ecken und Kanten – gehören ebenso zu unserer Individualität wie die Freudewerte als Gefühlsschmeichler. Wenn die Ecken und Kanten allerdings für tiefe, schlecht heilende Verletzungen bei uns und anderen sorgen, dann rate ich, sich Hilfe zu holen. In einem geschützten, therapeutischen oder ärztlichen Umfeld Unterstützung zu suchen, ist mittlerweile gang und gäbe und wird von vielen staatlichen Stellen unterstützt oder finanziell vollständig getragen.

Meine Empfehlung: Prüfen Sie Ihre emotionalen Sattmacher, finden Sie Ihre höchsten Werte. Ordnen Sie diese regelmäßig neu. Wer seine hohen Werte lebt, fühlt sich erfüllt und kann auf viele, unnötige Erfüllungshelferlein – Ersatzbefriedigungen – wie Handtaschen, Schuhe, Haar- und Brustimplantate oder andere, eigentlich unwichtige Produkte verzichten. Das sind, meines Erachtens, falsch verstandene Glücksboten, die wir manchmal heiß begehren, eine kurze Zeit verehren und dann als Etiketten-Schwindel entlarven, um in die Falle der nächsten Begehrlichkeit zu tappen. Wir alle suchen in Wirklichkeit meistens nur das Gefühl hinter diesen Produkten – das Bedürfnis nach Verbundenheit und Gemeinschaft (Wachstum).

MEINE WERTE – DEINE WERTE

Werte sind individuell. Jeder Mensch hat seine eigene Werte-Hierarchie, die ihn leitet. Eltern finden sich in einem inneren und äußeren Chaos wieder, wenn ihnen nicht klar war, dass eine Zeit kommen wird, in der ihr erschaffenes Werte- und Regelwerk von ihren Kindern hinterfragt werden wird: wenn sie nicht mehr selbstverständlich die Allwissenden sind, die ansagen können, was richtig und was falsch ist.

Viele Konflikte, die die Eltern in meinen Beratungsstunden und ihre Kids in der Pubertät austragen, haben ihre Ursache in einer Werteverschiebung. Vor allem unsere Kinder beginnen mit zunehmender Reife einen für die meisten von ihnen, hohen (Freude)-Wert anzustreben: die Autonomie. Ihr Bedürfnis nach Unabhängigkeit, Selbstständigkeit und Selbstbestimmtheit wächst und dehnt sich aus.
Das hat in vielen Fällen zur Folge, dass Jugendliche die Werte ihrer Eltern, die bis dato Gültigkeit hatten, aussortieren. So als würden sie die wichtigen Bücher, die alle fein säuberlich in einem Regal stehen, rausschmeißen und umsortieren oder das Regal völlig neu bestücken und eine für sie idealere Anordnung der Lektüren wählen. Manche sortieren erst einmal alle Werte ihrer erwachsenen Bezugspersonen aus – andere nur ein paar wenige. Bei einigen passiert dieser Vorgang schleichend, bei anderen ganz plötzlich.

Eltern und Erzieher, die ihre Werte benennen können und nach ihnen handeln, erleben diesen Prozess weniger als Verlust, sondern vielmehr als einen Neustart in der Beziehung zu ihren Kindern. Sie können die wachsenden unterschiedlichen Auffassungen akzeptieren, ohne sich in ihrer Persönlichkeit verletzt und ihrer Wichtigkeit enthoben zu fühlen. Solche Erwachsenen sind es, die ihre Jugendlichen dazu anregen, sich mit ihren eigenen Wertevorstellungen – also ihren persönlichen Bedürfnissen und Grenzen – zu befassen und diese lernen, in Worte zu fassen.

Für Kinder und Jugendliche ist das Infrage-Stellen der elterlichen Glaubenssätze und Werte kein bösartiger Vorgang, sondern ein natürlicher Prozess. In dieser Zeit finden sie sich häufig irritiert im Chaos steckend wieder und können ihre „neuen" Gefühle, Befindlichkeiten und Gedanken nicht – oder nur unzureichend – verstehen, und deshalb auch nur selten sprachlich ausdrücken. Einerseits wollen sie nicht automatisch den Werten und Glaubenssätzen ihrer Eltern folgen, andererseits haben sie ihre Alternativen noch nicht gefunden oder gewählt. Vielmehr empfinden sie sich häufig als Marionetten, die an den Wertefäden ihrer Eltern und anderen erwachsenen Bezugspersonen hängen. Das Fremdbestimmt-Sein wird von ihnen mal stärker, mal schwächer als Abhängigkeit erlebt, was häufig für Widerstand in Form von Wut und Aggressionen sorgt.

Das heißt, es geht für die meisten Kids darum, hinterfragen zu dürfen, warum sie zum Beispiel um zehn Uhr schlafen sollen, wenn sie doch noch gar nicht müde sind? Warum sie erst lernen und dann telefonieren sollen? Warum man immer zusammen essen muss, anstatt auch mal allein? Warum Weihnachten ein Familienfest und kein Zusammenkommen von Freunden sein kann? Warum beim besten Freund übernachten ein Problem ist, während bei der Freundin schlafen erlaubt wird? Warum Tätowierungen verteufelt werden und das Stechen der Ohrringe von den Eltern sogar gewünscht wurde?

Es ist für Eltern nicht leicht, diese Fragen zu hören, ohne sich kritisiert zu fühlen. Und genau an diesem Punkt, so zeigt es meine

Erfahrung, entstehen viele Konflikte. An diesem Punkt greift das, was ich hier als Haltung/Einstellung beschreibe. An diesem Punkt entsteht eine Kommunikationsatmosphäre – eine Beziehungskultur, die entweder konstruktiv ist oder destruktiv wirkt. Ich finde, eine Wertediskussion ist eines der größten Geschenke für Familien. Wenn zum Beispiel die gemeinsamen Mahlzeiten für die Eltern Teil ihres Wertes *Familie* sind, dann ist dieses Bedürfnis nach Gemeinsamkeit für sie sehr leicht und nachvollziehbar zu erklären: „Für mich sind unsere Mahlzeiten – als Teil meines Wertes *Familie* – wichtig, weil wir da alle zusammenkommen. Deshalb will ich das gemeinsame Essen beibehalten." Diese persönliche Mitteilung trifft nicht unbedingt sofort auf Zustimmung, sie kann aber vom Kind als ein wichtiges Bedürfnis der Eltern emotional eingeordnet werden. Diese Aussage verursacht eventuell Widerstand, aber erzeugt bei ihm keine Verletzung. Eine vertrauensvolle Kommunikation lässt hier auch Kompromisse zu, wie: „Du kannst dir ja ein oder zwei Mahlzeiten nur für dich allein aussuchen."

Wenn allerdings folgendermaßen begründet werden würde, demonstrieren wir Macht: „Wir werden gemeinsam essen, weil ich es sage!" Oder: „Solange du hier wohnst, wirst du dich an die Essenszeiten halten müssen." Das sind Ansagen, die den Gehorsam einfordern ohne das Gegenüber in seiner Fragestellung und dem Bedürfnis nach Autonomie ernst zu nehmen. Diese Kommunikation wirkt verletzend und blockiert die Beziehungsatmosphäre – Vertrauen wandelt sich in Misstrauen. Mit dieser machtvollen Art seinen Willen durchzusetzen, bieten wir den Kindern eine sprachlich kalte Vorlage, eigene Bedürfnisse zu äußern. So erzeugen wir Distanz und Angst. Wir verlieren Vertrauen und nehmen dem Kind die Möglichkeit, seine eigenen Werte-Ideen zu überprüfen. Zudem kann es sein, dass das Kind an sich und seinen Bedürfnissen zweifelt, diese schlimmstenfalls – aus Gründen der Schmerzvermeidung – gar nicht mehr mitteilt.

Eltern, Erzieher können und sollen ihre Führung nicht abgeben, sondern vielmehr damit beginnen, angemessene Verantwortungsbereiche für die Kids anzulegen und auszubauen. Wenn Kinder verstärkt nach Autonomie streben, dann brauchen sie ihre Verantwortungs- und Rückzugsbereiche. Sie brauchen Vertrauen, unser Zutrauen in ihre Fähigkeiten und unsere Kreativität, sich ihren Widerständen zu stellen. Selbstständig denkende und handelnde Persönlichkeiten werden unsere Kinder nur dann, wenn wir sie in dieser für sie häufig sehr irritierenden Zeit, nicht allein lassen. Weder in ihren Fragestellungen noch in ihren entwicklungsbedingten Irritationen über ihren Platz in unserem Familiensystem und ihren Platz in dieser Welt.

PRO PUBERTÄT – Meine Werte – deine Werte

Wir können unsere Einstellungen überdenken und eventuell korrigieren. Bis zur Pubertät war es notwendig, dass wir meistens die alleinigen Richtungsweisenden waren. Mit der Pubertät beginnt eine Zeit, in der uns die Kinder nicht zwingend folgen wollen. Ihre Aufmerksamkeit geht in viele Richtungen.

Es zieht sie in andere, ihre eigenen Menschenkreise. Sie sind fasziniert von allem, sehr interessiert an dem, was außerhalb ihres eigenen Familiensystems passiert. Sie beginnen andere Wertemodelle mit denen, die sie bereits kennen, zu vergleichen – und nur so können sie selektieren, um ihre eigenen, hohen Werte zu finden, damit sie fortan für ihre Lebensentscheidungen verantwortlich sein können.

Eine Methode, einen Einstellungswechsel vorzunehmen, kann der Brief sein, den man an sich selbst schreibt. Hier mein Brief an mich selbst – für meine Haltung zu meinem heranreifenden Kind:

Ich sehe dich (mit meinem Herzen), ich interessiere mich aufrichtig für deine Lebensthemen und die Fragen, die sich für dich daraus ergeben. Auf manche Fragen habe ich keine Antworten. Auf manche Fragen aber habe ich meine Antworten. Diese Antworten ergeben sich aus meiner eigenen Sicht oder Erfahrungen. Meine Antworten sind keine Wahrheiten, sondern lediglich Sichtweisen. Manchmal werde ich noch Entscheidungen für dich treffen, weil ich es nicht verantworten kann, dass du bereits allein darüber entscheidest, zum Beispiel ob du Alkohol trinken, Zigaretten rauchen oder auf weit entlegene Festivals reisen kannst. Vielleicht stellen wir einmal fest, dass ich falsche Entscheidungen für dich getroffen habe. Du kannst dir sicher sein, dass das geschieht. Dann werde ich mich entschuldigen. Ich hoffe jetzt schon, dass du mir verzeihen willst. Es kann auch sein, dass du falsche Entscheidungen triffst, dass du meine Kompetenz für deine Belange anzweifelst und unsere Vereinbarungen nicht einhältst, um später festzustellen, dass mein Veto oder Verbot durchaus eine Berechtigung hatte. Dann kannst du dir sicher sein, dass ich für dich da bin, um gemeinsam mit dir zu besprechen, warum du anders entschieden hast und welche Folgen sich für dich daraus ergeben haben. Ich möchte, dass du deine eigene Persönlichkeit entfalten kannst. Ich bin nicht daran interessiert, dass du genauso wirst, wie ich. Durch meine Liebe zu dir bin ich keinesfalls sachlich – du berührst mich immer persönlich.

Ich will dich beschützen, auch wenn ich das nicht muss. Manchmal wirst du mir Zeit geben müssen, um zu lernen, in welchen Lebensbereichen du schon sehr gut auf dich selbst aufpassen kannst. Auf was du sowieso längst selbst achten kannst, sind folgende Bereiche: Dein Schlafen und Wecken, die Organisation deiner Schulsachen, deiner Zimmer-Ordnung, deiner Wäsche und deiner Fahrten zu Freunden oder zu den Hobbys. Ich erledige immer noch einiges davon, dafür musst du mir nicht dauernd danken, es wäre allerdings sehr schön, wenn du es bemerkst und (zumindest innerlich) würdigst. Ich hoffe, ich übersehe nicht, was du für unsere Gemeinschaft, für mich und andere einbringst. Wenn ich das übersehe, dann mach mich bitte darauf aufmerksam. Ich freue mich, dass du noch bei uns wohnen, mit uns leben willst. Ich hoffe, ich sehe dich die meiste Zeit mit meinem Herzen, wenn ich dich anschaue. Ich liebe dich!

Der Vorteil unsere Haltung aufzuschreiben liegt darin, dass wir uns zunächst selbst – über den inneren Dialog – erklären, WIE wir gegenüber unserem Kind eingestellt sein wollen. Für viele Menschen ist das Aufschreiben von Zielen und Vorhaben eine gute Methode, um zunächst sich selbst gegenüber Verbindlichkeiten zu schaffen, eine Struktur zu haben, an die sie sich dann, auch anderen gegenüber, halten können.

Meine Werte wie *Liebe, Verantwortung, Wertschätzung, Vertrauen* und *Authentizität* liegen dieser Haltung zugrunde. Finden Sie heraus, welche Werte für Ihre Sicht- und Handlungsweisen stehen. Ich empfehle Ihnen zu definieren, was für Sie zum Beispiel „Verantwortung" bedeutet.

Ein Wort ist zunächst einmal eine Hülse, die ohne Inhalt bedeutungslos ist. Zum Beispiel Verantwortung. Der Begriff wird mit dem Verhalten dahinter: „Für etwas/jemanden einstehen oder gerade stehen" bedeutsam. Dennoch gibt es für viele Begriffe, also ihre Bedeutsamkeit, unterschiedliche Auslegungen. Sie könnten Ihre Wertebegriffe eventuell anhand der Duden-Definition betrachten und dann überprüfen, ob und wie Sie ihren Wert für sich persönlich deuten und von anderen verstanden wissen wollen.

Bedenken Sie stets, dass fast jeder Mensch seine Werte individuell und sehr persönlich interpretiert.
Die Haltungen und Einstellungen anderer können wir vielleicht besprechen – ändern können wir sie nicht. Unsere Einstellungen können wir jedoch unentwegt beeinflussen und auch ändern. Dazu müssen wir sie bewusst haben und über unsere Verhaltensweisen sichtbar machen können. Auf diese Weise ist es möglich, seine Beziehungs-Kultur aktiv zu schaffen und für ein fruchtbares Klima, eine warme Atmosphäre zu sorgen. Wir schützen dieses Klima, in dem wir Menschen meiden, die unsere Werte permanent verletzen. Unsere Berufsauswahl können wir abwägen, wenn wir uns fragen, wie kompatibel die Unternehmenswerte unserer Arbeitgeber mit unseren persönlichen Werten sind.
Wie groß oder klein diese Schnittmengen sind, entscheidet sehr häufig darüber, wie lange wir Erfüllung in dieser Arbeit, an dem Arbeitsplatz und in einem Team finden. Wenn wir das Werteverständnis unserer Kinder ihrer Individualität entsprechend beeinflussen und fördern können, dann schaffen wir ihnen ein solides

Fundament für alle ihre jetzigen und späteren Entscheidungsfindungen. Wer sich seiner Werte – damit seines Selbstwertes im Kontext seiner Fähigkeiten bewusst ist, wird sich aus eigener Kraft, selbstbewusst entscheiden und für seine Entscheidungen die Verantwortung übernehmen können. Fremdbestimmte Menschen neigen meistens dazu, andere Personen oder irgendwelche Umstände für die Folgen ihrer Handlungen und Kommunikationsweisen verantwortlich zu machen. Unsere Geschichtsbücher sind voll von den Konsequenzen, die diese Verhaltensweise haben kann. Schaffen wir gemeinsam Alternativen!

WIE KOMMUNIKATIONS-ATMOSPHÄRE ENTSTEHT

Kommunikations-Atmosphäre entsteht in den ersten Sekunden, in denen wir unserem Gegenüber begegnen. Wir senden non-verbal die entscheidenden Signale aus, die für das bevorstehende Gesprächsklima von Bedeutung sind: Gefühle. Unsere Körpersprache erzählt dem Anderen – tendenziell –, wie wir innerlich auf ihn, das Thema und auch die Umgebung emotional eingestellt sind. Der Klang unserer Stimme wird ebenfalls in einem hohen Maß von unserer wahrhaftigen, emotionalen Haltung beeinflusst, die wir dem Anderen, dem bevorstehenden Thema, der Umgebung gegenüber haben.

Die Körpersprache als unser non-verbales Ausdrucksmittel wirkt als stärkste Übertragungs-Kraft unserer Emotionen. Die Stimme ist – als unser verbales Ausdrucksmittel – ein wesentlicher Faktor dafür, wie unsere Botschaften für Andere klingen. Das entscheidet maßgeblich darüber, wie der Andere uns und unsere Worte deutet (interpretiert) und wie unser Gegenüber auf uns reagiert.[5] Selbstverständlich spielen die Wahl unserer Worte und ihre Zusammensetzung eine wesentliche Rolle im Kommunikationsverlauf.

Im Mittelpunkt stehen hier die Möglichkeiten, ein geschütztes Beziehungsklima für die Kommunikation mit jungen Menschen erzeugen zu können. Kinder und Jugendliche brauchen unsere Aufrichtigkeit und Geborgenheit, um sich bei uns, ihren Lebens-Anleitern sicher zu fühlen – uns zu sehen, zu hören und zu akzep-

---

[5] Sozialwissenschaftler Dr. Albert Mehrabian, 1971, Mehrabian-Studie – Emotionale Einflüsse auf die Kommunikation.

tieren. Jedes Gegenüber urteilt (unentwegt) über das Maß unserer Glaubwürdigkeit. Es prüft, ob unser Körper und unsere Stimme den ausgesprochenen Inhalt sicht- und hörbar unterstreichen/spiegeln. Erst wenn Übereinstimmung empfunden wird, beginnt sich unser Gegenüber nach und nach auf unseren persönlichen Ausdruck – also auch unsere Worte und die dahinterliegenden Bedürfnisse einzulassen.

Dieser Deutungs-Drang ist jedoch auch der fruchtbare Nährboden für mentale Falschmeldungen und reale Enttäuschungen. Nochmal: das Gehirn will uns vor Schmerzen (Enttäuschungen) schützen und hat daher Warnsysteme eingebaut.
Die Körpersprache und Stimme unseres Gesprächspartners, zuerst einmal als glaubwürdig oder unglaubwürdig einzustufen, scheint ein Akt des Selbstschutzes zu sein. Vielleicht orientieren wir uns gern zuerst auf die Körpersprache und die Stimme des anderen, damit wir unser Kopf-Kino mit dem für uns richtigen Bildmaterial speisen können.

Die Frage, ob Männer und Frauen in diesem Punkt unterschiedlich reagieren, beschäftigt vor allem die neurobiologische Wissenschaft nach wie vor. Es ist Jahre her, dass ich eine TV-Dokumentation der englischen *BBC* gesehen habe, die belegte, dass Frauen die ihnen vorgelegten Fotografien von Gesichtern mit unterschiedlicher Mimik mit einer höheren Treffsicherheit deuteten und deren Stimmungslagen mehrheitlich korrekter zuordnen konnten als die Männer derselben Testreihe. Der kanadische, Neurobiologe *Oliver Collignon*, Universität Montréal, Kanada 2009, ließ für seine Studie zur Erforschung psychischer Erkrankungen, die Emotionen Angst und Ekel, mimisch und stimmlich von Schauspielen simulieren. Auch hier konnten die Frauen der Probanden-Gruppe schneller die empfangenen Gefühle und Töne richtig zuordnen.

PRO PUBERTÄT – Wie Kommunikations-Atmosphäre entsteht

Wir könnten diese Erkenntnisse in unsere tägliche Kommunikation einbeziehen und annehmen, dass Männer vielleicht nur eine längere Leitung zu ihren Gefühlen haben, als Frauen. Mütter agieren und reagieren vorzugsweise einfühlsam, wenn sie mit ihren Kindern kommunizieren, während die Väter dafür, so stellt es sich häufig dar, eher ihre Verstandesebene bedienen. Beide Annäherungsweisen sind gleichwertig.

Es gibt nicht DIE richtige oder DIE falsche Kommunikationsweise von Erwachsenen und auch von Kindern und Jugendlichen nicht – es gibt jedoch unendlich viele, kraftvolle oder kraftlose Deutungen über die Absichten, Bedürfnisse und Grenzen die hinter den gesprochenen Worten für uns spürbar sind.

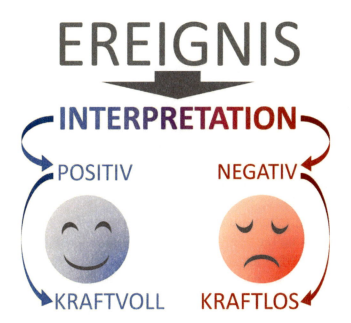

Dazu zählen Interpretationen, Glaubenssätze und Werte, die unser Denken, unser Handeln und somit die Beziehungsatmosphäre in Gesprächen beeinflussen, noch bevor ein Wort gefallen ist. Das Dilemma ist nicht, dass wir Verhaltensweisen und Worte Anderer deuten – im Gegenteil, das ist für unsere innere Orientierung wesentlich. Dass wir allerdings unsere Wahrnehmungen als die einzig akzeptable Wahrheit empfinden und äußern, das verhindert häufig ein vertrauensvolles, warmes Beziehungsklima, in dem unsere Kommunikation konstruktiv verlaufen kann.

Wahrnehmungen beschreiben unsere inneren Deutungen, über das was wir draußen gesehen, erlebt oder gehört haben. Wahrheiten wirken in Gesprächen schnell wie einbetonierte Positionen, die unverrückbar verdeutlichen sollen, wie das Erlebte oder Gehörte sein muss.

Eine Führungspersönlichkeit wie ein Vater oder eine Mutter hat natürlich gegenüber ihrem Kleinkind das Recht, sogar die Verpflichtung auf eine unverrückbare Position, zum Beispiel wenn sie die Wahrheit damit sagt, dass das Überqueren einer stark befahrenen Straße lebensgefährlich ist. Genauso ist es zweifelsfrei äußerst schädlich seine Hand auf eine heiße Herdplatte zu legen. Selbstverständlich gibt es reine Erziehungsphasen, die zum Schutz unserer Kinder nur unsere Wahrheit – also keine Spielräume – zulassen.

Wir können festhalten, dass Eltern während der Kleinkindphase ihrer Kinder häufig die Alles-Allein-Entscheider sein müssen. WIE sie ihre Entscheidungen an ihre Kinder weitergeben, das ist entscheidend. Sie bleiben lange Zeit für die Qualität der Kommunikations- und Beziehungs-Atmosphäre in der Familie in der alleinigen Verantwortung. Das sind sehr klare Verhältnisse im System Familie. Spätestens mit der Pubertät werden diese Hierarchien aber

PRO PUBERTÄT – Wie Kommunikations-Atmosphäre entsteht

sehr wahrscheinlich ausgehebelt werden. Die Kinder wollen und sollen mehr und mehr selbst Verantwortung – auch für ihre Kommunikation – übernehmen.

Jetzt ist es an der Zeit, das Miteinander, also die Kommunikationsweisen den neuen und wechselnden Begebenheiten entsprechend zu gestalten. Gestalter haben den Vorteil, dass sie Gegebenheiten gemäß ihren Werten – also Bedürfnissen und Grenzen – formen. Selten werden Gestalter zu Opfern von Umständen. Sie schneiden irgendwann die gefühlten Marionetten-Fäden durch, die sie zu Reagierenden machen und entscheiden sich für das Übernehmen von Verantwortung. Damit endet für den „inneren Schweinehund" sein gemütliches Dasein. Denn Verantwortung übernehmen bedeutet, für die Auswirkungen seines Handelns und seiner Aussagen einzustehen. Da gibt es keine Schuldzuweisungen, wie zum Beispiel: wenn du dein Zimmer nicht aufräumst, bin ich schlecht gelaunt oder bei miesem Wetter kriege ich Stimmungstiefs. Andere Menschen oder Umstände sind nicht länger ursächlich für unsere Befindlichkeiten. Unsere Stimmungen, die damit einhergehenden Reaktionen, entscheiden wir unbewusst und bewusst selbst. Gestalter sind sich dieser Tatsache bewusst – und bleiben es auch.

Wer das versteht und verinnerlicht, rückt ein großes Stück näher an den Lebensabschnitt der Pubertät. Denn Jugendliche stehen genau an diesem Punkt: sie wollen selbstbestimmt agieren können, ihre Erfahrungen machen und dann entscheiden, ob sie die Ergebnisse, die Folgen, die Konsequenzen aus diesen Erfahrungen in ihr weiteres Leben einbeziehen wollen oder nicht.

Mit der Pubertät endet für Eltern die Zeit nicht abrupt, in der sie weiterhin situativ festlegen wollen, was für ihre Kinder richtig und falsch ist. Die Empfehlung ist jedoch, mit einzubeziehen, dass die

Jugendlichen jetzt selbst herausfinden wollen, was das Beste für sie ist. Sie sind hoffentlich entwicklungsbedingt neugierig geblieben und folgen ihrer Sehnsucht nach Wachstum.

Das ist für Eltern, vielleicht so etwas wie das Ende der Kindheit ihrer Jugendlichen und der Anfang der Beziehung zu dem Menschen, der später einmal freiwillig und von Herzen gern ihre Gesellschaft suchen will – statt sich zu dieser verpflichtet – oder noch schlimmer – manipuliert zu fühlen.

Die Pubertät – dieser abenteuerliche, vieles verändernde Lebensabschnitt – fordert Eltern und gern auch alle anderen Bezugspersonen auf, ihre Führungsqualitäten den neuen Anforderungen an diesen Entwicklungsprozess ihrer Kinder und Jugendlichen anzupassen. Sie sind immer noch die – bestenfalls – bedingungslos liebenden Väter und Mütter, die wichtigen Bezugspersonen – zugleich könnten sie sich in dieser Phase auch als Trainingspartner ihrer Kinder verstehen. Als Coaches, die ihnen beim Aufbau ihrer eigenen Werte behilflich sind. Mentoren, die ihren Schützlingen dazu verhelfen ihren Selbstwert, ihre Würde, ihre Integrität präsent zu halten und diese vor Übergriffen zu schützen. Idealerweise sind das die Nächsten der Kinder, die den Ausbau ihrer Fähigkeiten und Fertigkeiten fördern, fordern und respektvoll begleiten – somit ihr Selbstvertrauen stärken.

Der Beginn der Pubertät, der Verlauf der Pubertät und das Hineingleiten in das junge Erwachsenenalter sind sehr fordernde und spannende Zeiten für alle Beteiligten. Plötzlich wird sich zeigen, ob die elterlichen Ideen und Vorschläge, auch die verantwortungsvollen, alters- und entwicklungsgerechten Entscheidungen für ihre jugendlichen Kinder glaubwürdig und somit akzeptabel sind. Je nachdem, welche Erfahrungen Kinder und Jugendliche bis dahin gemacht haben, werden sie manchmal über Jahre hinweg ausloten, ob sie ehrlich und respektvoll in Entscheidungsfin-

PRO PUBERTÄT – Wie Kommunikations-Atmosphäre entsteht

dungen einbezogen werden oder ob ihre Bezugspersonen – gerade angesichts ihrer Widerstände – schlichtweg bedingungslosen Gehorsam von ihnen erwarten.

Die Pubertät, so berichtet es auch *Jesper Juul*, zeigt Eltern sehr genau, wie deren Verhalten und auch die Verhaltensweisen anderer Bezugspersonen bis dorthin von ihren Kindern gesehen und beurteilt wurde. Die Kids spiegeln die bis dahin erfolgten, elterlichen Umgangsformen. Sie zeigen auf, wann ihre Erwachsenen wie reagiert haben, zum Beispiel mit Verständnis, Vertrauen, Zuhören, Empathie oder mit Liebesentzug, Kontrolle, Misstrauen, pädagogischen Tipps etc. Das ist eine Sichtweise, die für viele Erwachsene rund um Jugendliche provakant wirkt. Deshalb reagieren sie manchmal aufgewühlt auf diesen Aspekt.[6]

Vielleicht spült diese *Juul'sche* Idee gerade bei Eltern Selbstvorwürfe hoch. Das lässt sich wahrscheinlich nicht verhindern, zeigt jedoch auch, dass Väter, Mütter und auch viele Erzieher gern „fehlerfrei" wären. Eine andere Möglichkeit ist diese: Beginnen Sie die Vergangenheit als solche zu sehen und damit, sich für die Gegenwart frei zu machen. Wenn Sie der Meinung sind, einen groben Fehler begangen zu haben, dann sprechen Sie mit Ihrem Sohn, Ihrer Tochter – mit den Großeltern, der Familie. Gegebenenfalls wirkt eine Entschuldigung oder das schlichte Gespräch darüber sehr befreiend – für alle.

Es ist durchaus wichtig seine Grenzen für die Kids sichtbar zu machen. Ob eine Grenze jedoch ein Mauerwerk ist, auf das mein Jugendlicher prallt oder eine Linie, die sichtbar macht, dass dort ein anderes Bedürfnis beginnt – das macht den Unterschied in der Beziehungsqualität. Grenzüberschreitungen sind genauso

---

[6] Jesper Juul: Pubertät.

wichtig für die Entwicklung unserer Kinder wie Regelbrüche. An den natürlichen Folgen dieser Grenzverletzungen können sie wachsen. Ein geschützter, liebevoller Rahmen begünstigt diesen Wachstumsprozess sehr – denken Sie an eine Blumenzwiebel, die Sie setzten, die sich auch am besten bei viel Licht, der richtigen Dosierung an Wasser und Dünger, also entsprechender Aufmerksamkeit zur blühenden Pflanze entwickeln konnte.[7]

Welche meiner Einstellungen dient und welche erschwert die notwendigen Wachstumsprozesse meines Kindes? Diese Frage kann sich jeder Erwachsene in Bezug auf sein Kind, seine Jugendlichen nur selbst beantworten.
Es braucht Zeit, Geduld, Wertschätzung, Toleranz und die bedingungslose Liebe der Allernächsten, um Kindern und Jugendlichen zu ihrer Eigenverantwortlichkeit in vollem Umfang zu verhelfen. Bis dieser Prozess aus der Sicht aller Beteiligten gelungen ist, bleiben wir Erwachsenen für die Kommunikations-Atmosphäre verantwortlich. In der Schule die Lehrer, und daheim die Eltern oder andere erwachsene Bezugspersonen.

An dieser Stelle möchte ich auf das Ergebnis der *John-Hattie-Studie* aufmerksam machen. Der neuseeländische Pädagoge und Professor der Erziehungswissenschaften hat eine mehrjährige, weltweite Studie „Visible Learning" mit Tausenden von Schülern durchgeführt, um die Indikatoren für gute Schülerleistungen zusammenzustellen. In der 2013 im Deutschen veröffentlichten Untersuchung wurde ein sehr wichtiger Aspekt beleuchtet: Was brauchen Schüler um gut zu lernen? Zwei einheitliche Antworten aller befragten Kinder und Jugendlichen hierzu sind herausragend: „Ich will, dass meine Lehrerin/mein Lehrer mich mag!" – „Ich

---

[7] Prof. Gerald Hüther – Gehirnforschung für Kinder.

PRO PUBERTÄT – Wie Kommunikations-Atmosphäre entsteht

will, dass meine Lehrerin/mein Lehrer ein aufrichtiges Interesse daran hat, mir etwas beibringen zu wollen."

Herausragend sind diese Antworten deshalb, weil diese langjährige Studie die aktuellen, neurobiologischen Erkenntnisse bestätigt und zudem belegt, dass die Haltung und Einstellung der Pädagogen gegenüber ihrer Zielgruppe und ihrer eigenen Arbeitseinstellung für das Erreichen der gewünschten Leistungen so einfach wie bedeutsam sind. Weder die Qualität der Räumlichkeiten, des Lehrmaterials oder die Lernzeiten wurden hier einheitlich als wichtig erachtet, vielmehr waren es die persönliche, wertschätzende Grundhaltung, das aufrichtige Interesse der Lehrer an ihren Schülern und ihrem Lehrauftrag.

Dieses Studienergebnis lässt sich sehr fein auf das familiäre Umfeld übersetzen. Die Kinder wollen spüren, dass sie geliebt und willkommen sind und, dass Eltern ein aufrichtiges Interesse an ihren Lebensthemen und jeweiligen Entwicklungsphasen haben. Wenn Sie, liebe Leser, sich entscheiden für die Kommunikations- und damit die Beziehungsatmosphäre Verantwortung zu übernehmen, dann brauchen Sie sich in Wirklichkeit immer nur zu fragen: mit welcher Einstellung gehe ich auf meine Mitmenschen zu und wie groß sind mein RESPEKT und mein AUFRICHTIGES Interesse für und an den Menschen, den ich gleich treffe und dem Inhalt des Gesprächs, das ich führen will?

Jesper Juul hat eine sehr hilfreiche Idee als Eselsbrücke für die Kommunikationsqualität mit Kindern und Jugendlichen angeboten: Wie, auf welche Weise, würdest du mit deinem besten Freund sprechen, der gerade hereinkommt, um mit dir zu essen? Würdest du die Begrüßung tatsächlich so beginnen: Wie war es heute in der Firma? Hast du deinen Job ordentlich gemacht? Warst du pünktlich? Hast du deine Pausenbrote gegessen? Wie viele Aufgaben musst du Zuhause noch für die Arbeit erledigen? Warst du schon auf dem Klo? Wenn nicht, dann mach' das jetzt – wasch' dir auch gut die Hände, denn dann werden wir essen! Nein, so würden wir unsere Freunde nicht begrüßen.

Dieser kühle Empfang würde dem guten Freund den Appetit auf das Essen und unsere Gesellschaft eher verderben. Häufig ist das aber genau die kühle Organisations-Atmosphäre, in die unsere Kinder nach Hause kommen. Viele unserer Kinder gehen also vom Organisationsraum *Zuhause* in den Verwaltungsraum *Schule*, oft noch *Hort*, um dann wieder im Organisationsraum *Zuhause* anzukommen. Gefühlte Temperatur: gleichmäßig kühl.

Diese *Juul'sche* ‚Gute-Freund-Eselsbrücke' bedeutet übrigens nicht, dass wir uns mit unseren Kindern demokratisch gleich stellen, vielmehr zielt sie auf die Gleichheit der Würde im Umgang miteinander ab. Die Eselsbrücke soll uns helfen, unsere Haltung und Einstellung unserem Kind gegenüber im Schnell-Check erfassen zu können. Eine sehr gute Idee, wie ich finde!
Wir könnten also so den Beginn des Miteinanders gestalten: Sich sehen (mit dem Herzen). Berühren, umarmen. Schweigen. Jeder muss in seinem Tempo ankommen dürfen, um da sein zu können. Warten, was unser Kind von sich aus erzählt. Keine Reporter-Fragen, keine Anforderungen. Einfach nur da sein.
Natürlich muss auch Organisatorisches besprochen werden. Dafür kann man sich aber verabreden. In meiner Pubertäts-Sprechstunde reiben sich an diesem Thema viele Mütter und Väter und sagen: „Ja aber, wenn ich nicht hinterher bin, dann erfahre ich nie, ob die Hausaufgaben gemacht sind oder wann die nächste Prüfung ansteht."

Ich lade Sie ein, Ihrem Kind die Verantwortung für diese Bereiche schrittweise, seiner Entwicklungsreife gemäß, zu überlassen.

PRO PUBERTÄT – Wie Kommunikations-Atmosphäre entsteht

Wenn Sie sich aufrichtig darauf einstellen können, dass Ihr Kind nicht jede Hausaufgabe macht und nicht jede Prüfung besteht, aber dafür Eigenverantwortung lernt und die natürlichen Folgen kennenlernt, die das Verletzen von Vereinbarungen nach sich zieht, dann ist das aus zwei Gründen attraktiv: Erstens kann Ihr Kind seinem Bedürfnis nach Selbstbestimmung und Entscheidungsfreiheit nachkommen und zweitens haben Sie viel mehr Zeit für Ihr eigenes Leben, Ihre Interessen, Ihre Freundschaften und Ihre Liebesbeziehung.

Geben Sie Ihrem Kind die notwendigen Spielräume, um dieses Leben ganzheitlich zu lernen – dazu gehört es auch, sich selbstständig zu organisieren und Vereinbarungen einzuhalten. Und auch wortbrüchig zu werden, zu scheitern und mit den Konsequenzen daraus umzugehen und zu wachsen. Wenn wir unsere Kinder um diese persönlichen Erfahrungen bringen, können sie kaum Selbständigkeit lernen und zudem noch soziale Verantwortung zu tragen.

Zusammenfassung der wichtigsten Punkte

> 1. Eine warme Beziehungsatmosphäre entsteht grundsätzlich mit unserer Bereitschaft den anderen zu sehen – dem anderen den Raum zu geben – so wie er ist, da sein zu dürfen.
> 2. Der Selbstwert eines Menschen – die Menschwürde ist unantastbar. Kinder und Jugendliche brauchen erwachsene Vorbilder, die ihre eigene Würde deutlich machen und die ihrer Kinder und Jugendlichen schützen.
> 3. Demütigungen, Kategorisierungen und Ausgrenzungen verletzen die Menschenwürde möglicherweise sogar schwerwiegend. Es ist durchaus immer möglich, sich juristisch zu wehren.

4. Die WIRKLICHE Haltung gegenüber einem anderen transportiert sich in den ersten Sekunden einer Begegnung non-verbal.
5. Unsere Körpersprache und unsere Stimmlage verraten, was wir manchmal versuchen zu verbergen.
6. Jedes unserer Gegenüber sucht nach Glaubwürdigkeit in unserem Gesamtausdruck. Erst wenn diese Kongruenz spür- und hörbar ist, lässt sich jemand wirklich auf uns und unsere Inhalte/Anliegen ein.
7. Wie unsere Haltung/Einstellung/Ethik geformt ist, hängt von unseren Erfahrungen, den daraus resultierenden Gefühlen, Glaubenssätzen und Werten ab.
8. Es gibt keine „richtigen" oder „falschen" Werte. Es gibt nur meine Werte und die Werte der anderen. Wie groß die Werte-Schnittmengen sind, kann die Intensität und Dauer einer Beziehung maßgeblich beeinflussen.
9. Wir sind stets auf der Suche nach den Gefühlen hinter unseren Werten. Wenn wir unsere Sehnsucht nach Verbundenheit und Wachstum stillen können, dann sind wir erfüllt. Ersatzbefriedigungen sind in diesem Fall unnötig.
10. Es ist wichtig, seine höchsten Werte zu kennen. Von ihnen leiten wir unsere Bedürfnisse und auch die Grenzen ab. Sie sind der Maßstab für ein klares JA! oder ein souveränes NEIN!
11. Unsere Schmerzwerte können unserer persönlichen Entwicklung dienlich sein. Es ist gut, sie zu kennen und als wesentlichen Teil unserer Persönlichkeit zu integrieren.
12. Kinder und Jugendliche wollen keine perfekten Eltern. Sie brauchen Menschlichkeit – und die schließt alle Aspekte einer Persönlichkeit ein.
13. Wer „Ja" zu sich selbst sagt, der kann seine Ideen davon, wie die Welt oder andere Menschen sein und handeln sollten, leichter loslassen.

14. Beziehungs-Verwaltung schafft Kälte – sie schließt die individuelle, wärmende Beziehungs-Gestaltung sehr oft aus.

15. Wir können unseren Kindern zunehmend zutrauen, sich selbst zu organisieren – auch Vereinbarungen mit anderen Menschen zu treffen. Dabei brauchen sie uns als diejenigen, die sie bedingungslos lieben, die sich für sie und ihre Themen aufrichtig interessieren – vor allem, wenn sie Fehler machen, schlechte Noten bringen oder aus anderen Gründen an sich zweifeln.

16. Wer die Chance hat, als Kind und Jugendlicher seine persönlichen Erfahrungen aus der Schule des Lebens zu gewinnen, zu reflektieren und in konstruktive Haltungen und Handlungen fließen zu lassen, der kann als Erwachsener seine eigene und die soziale Verantwortung deutlich kraftvoller schultern.

HERZLICHE, WÜRDEVOLLE KOMMUNIKATION

Sie haben bemerkt, dass ich mich sehr um die Menschenwürde kümmere? Ja, denn diesen zerbrechlichen Teil des menschlichen Wesens immerzu in das Miteinander einzubeziehen, ermöglicht uns die würdevolle, vertrauensvolle, wertschätzende Kommunikation. Das mag für viele sehr hochtrabend und daher unerreichbar klingen und sich unwirklich anfühlen, ist jedoch aus meiner Sicht einer der wichtigsten Faktoren für ein fruchtbares Beziehungsklima.

Herzlich zu sein, heißt auch, achtsam zu sein. Vor allem zu sich selbst. Herzlichkeit resultiert möglicherweise aus dem Kunststück, zum einen im Streitfall sich und seine Empfindungen wahrzunehmen, sich selbst beruhigen zu können und zum anderen für das Gegenüber dasselbe zu tun. Dadurch ist es möglich, an einem Schlichtungsprozess zu wachsen anstatt Probleme als Stolperfallen unter den Teppich zu kehren.

Wenn ein Kind eine Regel bricht, dann selten mit böser Absicht. Das geschieht, weil es noch lernt. Für viele Regeln fehlt den Kindern und Jugendlichen schlicht die Nachvollziehbarkeit. Wenn ihnen die Sinnhaftigkeit fehlt, dann forschen Kinder entweder nach oder verlieren das Interesse an einem Thema. Wissenschaftler wissen, dass neue Erkenntnisse dann entstehen, wenn man die üblichen Denk- und Handlungswege auch einmal verlässt. So ist es eben auch bei den Kids. Manche Regeln brechen sie vielleicht nur, um aus den Reaktionen ihres Umfeldes einen Rückschluss auf die Sinnhaftigkeit derselben ziehen zu können. Eine natürliche Folge aus einem Regelbruch könnte das gemeinsame Reflektieren darüber sein, warum diese Regel gebrochen wurde und gemeinsam zu ergründen, was aus Sicht der Kinder/Jugendlichen für ihr Verständnis – das Befolgen der aufgestellten Regel gefehlt hat. Auf diese Weise können sie das Leben im Kontext der großen sozialen Gemeinschaft beginnen zu begreifen. Eltern sind hier bestenfalls Feedback-Geber und keine Scharfrichter.

Als vorbildlich empfinde ich jene Erwachsene, die erkennen, wann sie selbst mit einem Fehlverhalten andere verletzt haben und sich dafür entschuldigen können. Die Jungen sind es, die das Leben noch lernen. Ihre Verhaltens-Vorbilder sind wir. Das bedeutet, Fehler zu machen, zu scheitern, laut zu werden und schwach zu sein – ist genauso erlaubt, wie die gegenteiligen Aspekte. Wie wir mit diesen sogenannten Schwächen, mit Fehlverhalten umgehen, das ist interessant. Wir Erwachsenen können Kindern und Jugendlichen den verzeihlichen Umgang mit „Schwachstellen" zeigen. Je großzügiger wir zu uns selbst sind, je selbstverständlicher wir uns bei anderen entschuldigen, also die Verantwortung übernehmen können, desto vielschichtiger wird ein Kind und Jugendlicher das komplexe Menschsein entdecken können.

Eine der bedeutenden Grundeinstellungen/-haltungen von Erwachsenen kann folgende sein: Kinder und Jugendliche sind ständig in einem umfassenden Lernprozess, gemäß ihrem Alter, ihrem Temperament und ihrer Individual-Entwicklung. Was kann ich tun, sagen – wie kann ich mich verhalten, um diesen Lernprozess optimal zu unterstützen, um das jetzt gewünschte Ziel zu ermöglichen und bestenfalls als positives Erlebnis zu sichern?

EMPATHIE – DER SCHLÜSSEL ZUR GEFÜHLSWELT

Wer ein herzliches Beziehungsklima, eine vertrauensvolle Atmosphäre gestalten will, sollte den Zugang zu seinen eigenen Gefühlen, seinem Herzen haben. Unentwegt. Die Empathie für andere aufbringen zu können, sich in sie hineinfühlen zu können, bedingt, dass wir einen permanenten Zugang zu unserer eigenen Gefühlswelt haben.

Eine Möglichkeit, sich in Selbstempathie zu üben, habe ich in einem Grundlagenkurs der „Gewaltfreien Kommunikation" nach *Marshall B. Rosenberg* kennengelernt. Die Selbstempathie ist in diesem Fall das Instrument der „Gefühls-Erkennung" und den daraus resultierenden Bedürfnissen. Ein Beispiel: Mein Kind schlägt mir während einer Auseinandersetzung seine Zimmertür vor der Nase zu.

- Frage an mein Gefühl: Was fühle ich gerade? Ich spüre vielleicht Gefühle wie Ohnmacht, Wut, Trauer, Irritation, Unsicherheit.
- Frage nach meinem Bedürfnis: Was brauche ich jetzt zum Ausgleich? Die Antwort: Trost und Zuwendung. Beides kann ich mir selbst geben.
- Handlung: Ich nehme das Wesen meiner Gefühle wahr, ich charakterisiere sie mit den entsprechenden Worten und bediene mein Bedürfnis nach Ausgleich. Ruhiges Atmen führt mich zur Achtsamkeit und herzlichen, inneren Zuwendung.
- Oder: ich spende mir über einen inneren Dialog Trost, zum Beispiel so: Du bist jetzt wütend. Du bist ohnmächtig.

Auch traurig. Atme ruhig ein und aus. Geh woanders hin. JETZT ist die Situation wie sie ist. Später kannst du sie lösen.
- Nach Abschluss dieses beruhigenden Vorgangs, kann ich meine kraftraubende Einstellung aus Wut und Ohnmacht entsprechend in eine kraftvolle Einstellung bringen. Ich kann mich zum Beispiel auf liebevolle Führung einstellen und später in etwa so mit meinem Kind sprechen: Ich bin sehr sauer gewesen. Ich will nicht, dass du mir die Türe vor der Nase zuschlägst. Ich nehme das als respektlos wahr. Außerdem will ich nicht, dass die Türe kaputt geht. Lass uns über deine Gründe dafür reden, wann hast du Zeit?

Hier wird eine Methode empfohlen, die es uns ermöglicht, erst einmal Klarheit über unsere Bedürfnisse, Grenzen und die nächsten Schritte zu gewinnen. Wer diese Form der Selbstempathie wählt, wird eher erst einmal Abstand zum Geschehen wollen, um später ÜBER sein Befinden, seine Stimmung im Zusammenhang mit dem Vorfall zu sprechen.
Natürlich sind wir nicht alle gleich, daher gibt es impulsivere Wesen, die sich in solchen Situationen sofort entsprechend gefühlvoll zum Ausdruck bringen: Ich will nicht, dass du mir die Tür vor der Nase zuschlägst. Ich bin stinksauer. Ich gehe spazieren und danach reden wir.

Die präsenten Gefühle werden über die Stimmlage deutlich hörbar sein. Hier spricht jemand ganz echt und natürlich MIT seinem Gefühl an, was Sache ist, statt wie im vorherigen Beispiel vielleicht ausschließlich ÜBER bereits verarbeitete Gefühle zu sprechen. Beides ist völlig in Ordnung. MIT seinem authentischen Gefühl zu sprechen, kommt häufig bei den Kids menschlicher an. Die reflektierte Variante birgt hingegen das Risiko, unnatürlich oder überpädagogisch zu wirken.

Für Kinder und Jugendliche sind Eltern die wichtigsten Menschen in ihrer Welt. Deshalb ahmen sie sie nach, versuchen ihren Anforderungen gerecht zu werden und ihren Wünschen zu entsprechen. Diese vom Kind richtig gefühlte Abhängigkeit – laut *Jesper Juul* Kooperations*verhalten* – ist ein entscheidender Umstand, weil er dem Erwachsenen in seiner Vorbildfunktion klar und deutlich die Verantwortlichkeit zuweist.

Eltern und Erzieher haben als Fürsorgende die Verpflichtung, auf die Wahrung der Würde – der Integrität – ihrer Kinder zu achten. Kinder sind dazu noch nicht in der Lage. Für unsere Kids fühlt sich jeder Streit, jede Herabwürdigung ihrer Person schnell existenziell bedrohlich an.

Wenn wir versuchen, uns im Konfliktfall in ihre Schuhe zu stellen, dann können wir ihre Fragestellungen sehr gut einschätzen, zum Beispiel: Wo soll ich hin, wenn meine Mama mich wegschickt? Wollen sie mich nicht mehr haben? Warum tun sie mir weh? Was muss ich tun, damit sie nicht mehr wütend auf mich sind? Warum mag mich meine Lehrerin nicht, die Sabine schimpft sie nie aus? Mein Opa sagt, ich bin ein Weichei, hat er mich nicht lieb?

Verbale Attacken wirken meist genauso verletzend auf die kindliche Psyche wie die physische Gewalt, die zudem zu schwerwiegenden bis tödlichen Verletzungen führen kann. Es gilt, beides als Ausdrucksmittel, vor allem aber gegenüber Kindern und Jugendlichen vollständig auszuschließen. Wer sich ihnen gegenüber im Ton und/oder der Wahl der Worte vergreift, muss das für sie unbedingt nachvollziehbar in Ordnung bringen.

Für eine wertschätzende und verantwortungsvolle Kommunikation ist es deshalb aus meiner Sicht sinnvoll, seine Gefühle über ICH-Botschaften auszudrücken. Gerade im Konflikt- und Streitfall.

Zum Beispiel: *Ich bin wütend* – diese Aussage beschreibt mein Gefühl. Sie drückt gleichzeitig aus, dass es MIR jetzt so geht. Die Entscheidung, ob und wie lange ich wütend bin, liegt ausschließlich bei mir.

Wenn ich sage: du machst mich wütend, dann definiert diese Aussage den anderen als Täter und mich als Opfer. Der Rückschluss liegt nahe, dass der andere mir meine Wut auch wieder wegnehmen muss, ich also weder Verantwortung noch Gestaltungsmacht für meine Gefühlslage habe.

Für meine Gefühle und Empfindungen kann aber ein anderer nichts. Welche Gefühle auch immer ein anderer Mensch in uns auslöst, wir bleiben der Kapitän an unserem Gefühls-Steuer und bestimmen in welche Richtung wir unsere Emotionen lenken. In Konflikt-Gesprächen hilft uns die Ich-Botschaft dabei, dieses Ruder auch in stürmischen Gewässern fest im Griff zu behalten. Sonst sind wir ständig die Reagierenden bzw. die Opfer von Umständen. Also das genaue Gegenteil von einem aktiven Gestalter als ernstzunehmende Führungspersönlichkeit.

DIE SPRACHE DES HERZENS IST PERSÖNLICH

Die von *Juul* empfohlene Kommunikationsweise über die *persönliche Sprache*, ist aus meiner Sicht die beste Form, um in Beziehung zu kommen.
Die *persönliche Sprache* ist die erste Sprache, die wir als Kinder lernen. Deshalb reagieren Menschen ihr Leben lang darauf. Wenn wir sie anwenden, treten wir augenblicklich in Kontakt zum anderen. Meine Interpretation ist, wenn ich die persönliche Sprache anwende, dann spreche ich als Kind das kindliche Bewusstsein meines Gegenübers an.

Die Sätze in der *persönlichen Sprache* beginnen so:
- Ich will / ich will nicht (ich möchte / ich möchte nicht)
- Ich mag / ich mag nicht
- Mir gefällt / mir gefällt nicht

Beispiele:
Ich will jetzt noch meine Arbeit fertig machen, dann habe ich Zeit für dich.
Ich mag noch ein wenig ausruhen.
Mir gefällt es, mit dir zu spielen.
Ich will nicht, dass du einfach so in mein Zimmer kommst.
Ich mag nicht auf dich warten.
Mir gefällt diese Art von Filmen nicht.

Wir können einfach, klar und präzise sagen, was wir wollen und ausdrücken, was wir nicht wollen. Aus meiner Praxis kann ich berichten, dass Kinder und Jugendliche über die *persönliche Sprache* sofort in Kontakt mit mir sind. Das heißt, sie hören zu, sie nehmen meine Bedürfnisse und auch die dahinter liegenden Gefühle sofort auf. Ihre Handlungsweisen, Reaktionen sind unterschiedlicher Natur – gehört aber haben sie mich. Vor allem haben sie mich meistens auch richtig verstanden.

Jesper Juul schreibt, dass das Anwenden der *persönlichen Sprache* zwar nicht immer auf Zustimmung trifft, jedoch auf keinen Fall die Würde des anderen damit verletzt wird. Erwachsene aus meinen Trainings, die in der *persönlichen Sprache* begonnen haben, mit anderen umzugehen, bestätigen dies.

Wir verwenden eher die *soziale* oder *akademische Sprache*. Wenn wir uns schreiben, dann natürlich in der Schriftsprache. Die soziale Sprache würde die oben geschriebenen Beispiele wie folgt formulieren:

- Würdest du bitte anklopfen, bevor du in mein Zimmer kommst.
- Könntest du das nächste Mal bitte pünktlich sein.
- Kannst du bitte sofort aufhören, deine Schwester anzuschreien.

Die soziale Sprache als höfliche Umgangssprache, lernen die Kinder ganz selbstverständlich, wenn sie unseren Unterhaltungen beim Einkaufen, Telefonieren oder im Gespräch mit Freunden zuhören.

FEEDBACK GEBEN – FEEDBACK NEHMEN

Wenn wir uns als Feedback-Geber oder – wie schon beschrieben – als Trainer, Mentoren oder Coaches unserer Kids verstehen können, dann können wir ihnen themenbezogene Unterstützung geben. *Jesper Juul* beschreibt in seinem Buch *Aggressionen* das Beispiel, wenn ein Kleinkind seine orale Phase durchlebt und die Welt mit dem Mund erforscht, wir ihm sehr entspannt zeigen können, dass nicht alles in seinem Mund landen soll.

Die verletzende Variante wäre jene, in der Vater oder Mutter dem Kleinkind die aus ihrer Sicht ungeeigneten Sachen aus seiner Hand reißen und schimpfend reagieren. Mit dieser Art der wütenden Korrektur erzeugen wir beim Kind Angst und Frustrationen. Noch schlimmer ist, dass das Kind das Erforschen damit grundsätzlich als etwas Schmerzvolles erleben könnte.

Bemühen wir uns also mehr darum, Feedback-Geber zu sein, die den Forschergeist unserer Kids verstehen, jedoch geeignete von ungeeigneten Experimenten trennen, zwar souverän, aber dennoch die kindliche Neugierde würdigend.

Es gibt sogar allgemein gültige Feedback-Regeln für einen harmonischen Gesprächsverlauf. In meinen Kursen sind die Teilnehmer immer sehr begeistert über diesen Leitfaden, der vor allem im Kritik- und Konfliktfall Anwendung finden soll. Es ist recht einfach, diesen für den Umgang mit seinen Kindern abzuwandeln.

1. Feedback (FB) geben

■ **Feedback erfolgt immer zeitnah zum Geschehen.**

■ **FB erfolgt im gegenseitigen Einverständnis.**
Wir erfragen, ob der andere unser Feedback haben möchte. Wenn die Antwort „nein" lautet, dann akzeptieren wir diese Entscheidung.
Im Umgang mit kleineren Kindern können wir durchaus sagen: Ich will dir etwas Wichtiges sagen: Mit dem Mund kannst du viele leckere Speisen schmecken. Auch Blätter und Gras. Ich will dir zeigen, was du essen kannst, was du in den Mund nehmen kannst und was nicht.

■ **FB erfolgt beschreibend statt bewertend und ohne moralische Verurteilung.**
In der Ich-Form sprechen, z. B.: ich habe wahrgenommen/bei mir ist angekommen/ich habe den Eindruck gewonnen/ich habe folgendes verstanden – ich habe folgendes nicht verstanden.
- Ich habe verstanden, dass du ein Problem mit deiner Lehrerin hast, ist das so?
- Ich habe wahrgenommen, dass du eine Vier schreiben wolltest – war das so?
- Ich bemerke, dass du sehr spät ins Bett gehst. Ist das der Grund für deine häufige Müdigkeit?
- Ich habe dein „cool" in diesem Zusammenhang nicht verstanden, was meinst du damit genau?

■ **FB wird klar und sachlich formuliert.**
Die Nachvollziehbarkeit muss gegeben sein.
- Ich will nicht, dass du mir die Türe vor der Nase zu schlägst. Das macht mich sauer. Es wirkt auf mich respektlos. Außerdem möchte ich nicht, dass unsere Türen

PRO PUBERTÄT – Feedback geben – Feedback nehmen

kaputt gehen.
- Ich will, dass wir gemeinsam essen. Wenn du ab und zu allein essen willst, verstehe ich das. Wollen wir die Tage festlegen, an denen die Familie zusammen isst?
- Mir gefällt es nicht, wenn dein Handy jetzt so viel Aufmerksamkeit von dir bekommt. Ich möchte ungestört reden.
- Ich möchte, dass du Fenster und Türen schließt, wenn du die Musik voll aufdrehst.

■ FB verläuft in einem angemessenen Tonfall.
Das Einstellen auf die Gemütsverfassung unseres Gegenübers ist notwendig, damit unser FB gehört und reflektiert werden kann.
- Ich möchte mit dir reden. Was glaubst du, wann ist der beste Zeitpunkt für ein Gespräch?
- Bis wann glaubst du, kannst du dein Zimmer aufräumen?
- Ich möchte wieder einmal Zeit mit dir verbringen, ich vermisse dich. Wann denkst du passt dir das? Was möchtest du gern unternehmen? Ich möchte gern mal wieder ein Buch mit dir lesen.
- Ich verstehe, dass du jetzt mit mir malen möchtest. Ich möchte meine Arbeit noch zu Ende machen. Dann komme ich.
- Ich glaube dir, dass du deine Lehrerin heute als ätzend empfunden hast. Ich möchte wissen, warum genau du dich von ihr ungerecht behandelt fühlst.

Wir nehmen immer Rücksicht auf etwaige kulturelle und/oder religiöse Unterschiede.

2. Feedback annehmen:

Aussage: *Mama, wieso kommst du immer einfach rein?*
Zuhören und aufnehmen des Gesagten.
z. B.: *Dich stört, dass ich vergessen habe, anzuklopfen?*
Die Beobachtungen des anderen als seine Wahrnehmungen akzeptieren.
z. B.: *Du empfindest es so, als ob ich IMMER einfach reinkomme?*
Keine Rechtfertigung oder Erklärung abgeben.
Gelassen und in Ruhe über das Gehörte nachdenken.
Nach der Reflektion, z. B.: *Ich habe über das nachgedacht, was du gesagt hast. Ich will darauf achten, dass ich anklopfe, bevor ich in dein Zimmer gehe.*

Zusammenfassung der wichtigsten Punkte

1. Achtsamkeit gegenüber unseren eigenen Gefühlen, Bedürfnissen und Grenzen ist wesentlich. Gefühle, Bedürfnisse und Grenzen sprachlich ausdrücken zu können, ist für Kinder und Jugendliche eine wertvolle Vorlage für eine herzensgeleitete Kommunikation.
2. Authentisch MIT Gefühl sprechen, ist für den Empfänger meist klarer als ÜBER ein Gefühl zu sprechen.
3. In der Schule trägt die Lehrkraft die Verantwortung für das Beziehungsklima – daheim die Eltern.
4. Elterngespräche finden am besten MIT dem Kind/Jugendlichen statt. Das festigt das Vertrauen, legt meistens eine konstruktive Teamkommunikation an und erhält diese.
5. Eine Wahrnehmung hat oft nichts mit DER einen Wahrheit zu tun. Es gilt eine Wahrnehmung als solche zu akzeptieren, wie die vielleicht völlig andere Ansicht unseres Gegenübers.

6. Wir alle bewerten und beurteilen andere Menschen und Geschehnisse unentwegt. Dieser Deutungsdrang hilft uns bei der Orientierung und Einschätzung, birgt jedoch auch das Risiko von Fehlinterpretationen. Das sollte uns sehr bewusst sein.
7. Wir können andere Wesen und Wesenszüge nicht ändern – nur unsere Interpretationen (Deutungen) über sie.
8. ICH-Botschaften zu verwenden, ist gerade im Konfliktfall ratsam. Sie helfen zudem eigenverantwortlich zu bleiben. Andere können für unsere Gefühle nichts – ob wir kraftlos oder kraftvoll eingestellt sein wollen, das entscheiden wir selbst.
9. Die *persönliche Sprache* verbindet Menschen. Es ist die erste Sprache, die wir als Kinder lernen. Sie mag unbequem beim anderen ankommen – seinen Selbstwert – die Würde, verletzt sie nicht.
10. Feedback geben und nehmen zu können, stärkt den gegenseitigen Respekt und sichert das Gehört-Werden. Beachten Sie unbedingt den Aspekt: keine Rechtfertigungen/keine Erklärungen.
11. Alle Botschaften an Kinder/Jugendliche sollten klar, einfach und präzise formuliert werden.

HIRNSCHMALZ – BEGEISTERUNG

„Das Hirn wird so, wie man es mit Begeisterung benutzt"
(*Gerhard Hüther*)

Der Franzose *André Stern*, der nie eine Schule besuchte, heute fünf Sprachen spricht und als Gitarrenbauer seiner Berufung nachgeht, wurde dank der Lebensumstände, die seine – pädagogisch geprägten – Eltern schufen, in Potenzialentfaltungsräumen groß. In seinem Buch: *„und ich war nie in einer Schule"* beschreibt dieser außergewöhnliche Zeitgenosse, was für die meisten von uns undenkbar scheint und außerdem in vielen Regelschulen derzeit kaum möglich ist. Nämlich seiner Neugier und seinen Neigungen entsprechend, von den Menschen umgeben, mit denen man zusammen sein *will*, zu lernen und ganzheitlich gefördert heranzuwachsen. *André Stern* konnte in Ruhe, seinem Tempo entsprechend in einem warmen Beziehungsklima das Leben erforschen. Er traf Menschen, die er faszinierend fand und stellte ihnen die für ihn jeweils wichtigen Fragen. Er verstand es, Mentoren für sich zu gewinnen, die seine Interessen und damit verbundenen Talente förderten.

Das Heranwachsen des *André Stern* ist ohne Zweifel eine Ausnahme, zeigt jedoch, wie facettenreich Kinder und Jugendliche erwachsen werden könnten, wenn sie Potenzial-Entfaltungs- und vielseitige Beziehungsräume kennenlernen, besser gesagt, erleben würden. Die meisten jungen Menschen entwickeln sich jedoch in einer Verwaltungskultur. Aus meiner Sicht sind das eher Potenzial-Erstickungswelten.

Begeisterung, Inspiration und Visionen wecken unsere bereits angelegte, natürliche Neugierde. Wer für sein Thema oder Anlie-

gen begeistert ist, ist motiviert und stillt seinen wachsenden Wissensdurst wo, wie und mit wem dies möglich ist. Begeisterung weckt alle Lebensgeister, inspiriert auch andere und hilft gleichzeitig dabei, lösungsorientiert zu denken und zu handeln.
Lernen soll bestenfalls ein sinnliches Erlebnis sein, das unter die Haut geht. Wer jemals ein Kind dabei beobachtet hat, hat vielleicht bemerkt, wie es entdecken konnte, dass ein Bach in eine Richtung fließt. Dass man dem Bächlein hinterherlaufen kann bis es in ein Flüsschen mündet – das ist womöglich dieses Lernen, das unter die Haut geht und Wissen, das für immer bleibt. Der Wind, der die Haut streift, das Wasser, das geräuschvoll fließt, die Gerüche, die die Natur verströmt, ergeben eine fruchtbare Atmosphäre, in der nicht nur der kognitive Erfahrungsschatz wächst, sondern das Gehirn bereit ist, die damit einhergehende, emotionale Erfahrung abzuspeichern.
Spüren Sie selbst nach, welches Erlebnis beschreiben Sie als ein unvergessliches? Warum ist das so – mit wie viel positiver Energie wurden Ihre Sinne berührt – welcher Erfahrungsschatz ist Ihnen noch immer in Erinnerung?

Ich denke, dass wir als Erwachsene gefordert sind, schulische und außerschulische Einrichtungen für unsere Kinder zu wählen, die den Wert *Individual-Entwicklung* nicht nur als werbliches Element ihrer Leitbildbeschreibung einsetzen, sondern die menschlichen Voraussetzungen ihres Betreuungs-Personals diese auch gewährleisten. Gestatten Sie mir, hier die pädagogische Ausbildung hinten anzustellen, denn eine diesem Beruf angemessene Einstellung, so nehme ich das wahr, entspringt deutlich mehr der menschlichen Grundhaltung einer Person als ihrer pädagogischen Bildung. Wenn beides, Einstellung und Fachwissen, jedoch ideal ineinander fließen und auf das Wohl des Kindes ausgerichtet sind, dann sind das meiner Ansicht nach, die allerbesten Voraussetzungen.

In den meisten vorschulischen Einrichtungen wird der kindliche, individuelle Forscherdrang leider zu oft den äußeren Rahmenbedingungen unterworfen. Das Forschen wird im Regelfall der Verwaltungskultur und den dazugehörigen Strukturen geopfert. Nur ein Beispiel: die vorgeschriebenen Bring- und Holzeiten in Kinderkrippen und Kindergärten stören häufig die kindliche Hingabe an ein Frühstück oder den Wunsch, mit Mama und Papa zu Hause noch zu kuscheln oder sie vielleicht einmal früher dort sehen zu können. Deshalb sollten Fixzeiten im Sinne der Individual-Entwicklung aufgehoben und im Sinne der Familienzeit flexibel gehalten werden können.

Mit der Einschulung passiert häufig folgendes: ein wissensdurstiges, fröhliches, interessiertes und engagiertes Kind kommt nach dem zweiten Schultag nach Hause und sagt: „Die Schule ist total blöd. Ich musste mein Namensschild heute nochmal ausmalen, weil ich es gestern nicht gut genug gemacht habe."

Ein kindliches Gehirn, das Malen gerade nicht auf seinem Forscherplan hat – muss aber malen, weil das der Lehrplan so vorsieht. Wenn das Kind fragt, warum es sein Namensschild nicht so gestalten kann, wie es will, wird es abgemahnt und damit bestraft, so lange sein Namensschild auszumalen bis die Lehrkraft zufrieden ist.
Dieses Mini-Beispiel soll zeigen, warum wir noch weit entfernt sind von den Potenzial-Entfaltungsräumen, die sich *Gerald Hüther* wünscht und sich auch mit seiner Initiative „Schulen der Zukunft" diesem Ziel annähern möchte. Noch existieren zu viele Potenzial-Erstickungsräume. In diesen werden Kinder in ihrer Begeisterungsfähigkeit ausgebremst – da wachsen sofort in ihnen Gefühle wie Frustration, Aggression, Wut und Ohnmacht. Respekt- und würdeloses Zurechtweisen bedeuten zeitgleich einen erheblichen Vertrauensverlust – nicht nur in diese eine Lehrkraft

und den Lernraum, sondern umgehend in die gesamte Lehr- und Lernwelt – und traurigerweise auch in die eigene Persönlichkeit.

Trotz dieser Umstände schicken wir das Kind jahrelang in dieses System. Seine Bedürfnisse werden so lange von allen Seiten zurechtgerückt, bis es in das massentaugliche Verwaltungsformat passt, das wir Schule nennen.
Der einzige Grund, warum Kinder das aushalten, ist wahrscheinlich wirklich der, dass wir Erwachsenen erzählen, dass man das aushalten kann und muss. Schließlich haben wir das ja auch alle ausgehalten ... und so weiter.
Die Kinder und Jugendlichen entwickeln sich zunehmend in allen Lebensbereichen fremdbestimmt. Selbst wenn sie Interesse an etwas zeigen, so wird doch häufig von den Erwachsenen abgewogen, ob dieses Hobby oder Thema für das spätere Leben sinnvoll und gewinnträchtig ist oder nicht.

Wer hier präsent hält, wie schnell Kinder sich an die Wünsche und Bedürfnisse ihrer Eltern und anderer wichtiger Bezugspersonen anpassen, also unter Umständen ihre eigenen Interessen infrage stellen, dem wird seine Führungs-Verantwortung im Sinne der Individualförderung von Kindern und Jugendlichen wahrscheinlich noch deutlicher vor Augen geführt.
Wer seine Neugier vorwiegend erstickt, verliert das Zutrauen in die eigenen Fähigkeiten. Wie soll sich jemand für einen Beruf begeistern, wenn er sich die Anforderungen hierfür nicht zutraut? Wie soll jemand seine Zukunft gestalten, wenn er in der Gegenwart – ohne Ideen für irgendeine sinnvolle Möglichkeit – in Aussichtslosigkeit verharrt?

Vielleicht lieben Jugendliche deshalb ihre Computerspiele so sehr. Hier sind sie begeistert und widmen sich fasziniert und ausgiebig ihrem Rechner oder Handy. Die meisten Spiele sind so konzipiert, dass es einen Helden gibt, der kämpft. Mal gewinnt er, mal verliert er. Die Regeln sind intuitiv erfassbar. Wer will, spielt mit anderen, wer darauf keine Lust hat, spielt allein. Im Spiel ist es möglich, seine Talente, Fähigkeiten und Fertigkeiten immer wieder aufs Neue unter Beweis zu stellen. In dieser virtuellen Welt kann ein Kind ein Held sein – so oft und so lange es will. Und leider sind diese Spielfelder im Leben von vielen Kindern und Jugendlichen die einzigen, zu denen ihre Eltern keinen Zutritt haben – wo sie keine Kontrolle ausüben können oder wollen.

Meine Erfahrung zeigt, und diese ist keinesfalls repräsentativ, dass Kinder und Jugendliche die sogenannten „neuen Medien" sehr wohl kritisch beleuchten, sofern sie mit ihren Eltern ein vertrauensvolles Gesprächsklima haben und sie das aufrichtige Interesse ihrer Eltern für diese Art des Spielens und auch Lernens spüren. Wenn wir einen vertrauensvollen Kontakt zu unseren Kindern haben und uns ein wenig technisches Verständnis aneignen, gemeinsam mit ihnen die GO's und NO-GO's festlegen, können wir schon sehr viel Präventions-Arbeit zum Wohle unserer Kinder leisten. Informationen darüber, wie pornografische und/oder andere Sites auf dem Homecomputer – bestenfalls übrigens auch auf den Schulcomputern – gesperrt werden können, finden Sie über Angebote an vielen Schulen und staatlichen Beratungsstellen.

BEZIEHUNGSMENSCHEN – BEZIEHUNGSKLIMA

Wenn wir nicht sofort empathische Beziehungsexperten wählen, die Gestaltungsräume in Kindergärten und Schulen, den Horten und dem Zuhause einrichten, in denen sich Lehrkräfte, Mentoren, Trainer und Coaches, Eltern und Erziehende den Potenzialen ihrer Kinder und deren Entfaltung widmen können, dann dürfen wir nicht beklagen, dass die meisten Jugendlichen sich nicht aus eigener Kraft auf ihr Leben vorbereiten können.

Sie sind es gewohnt, gelebt zu werden. Wie sollen sie also kraftvoll auf eigenen Beinen stehen können? Wie sollen sie spüren, was sie selbst brauchen und die soziale Gemeinschaft um sie herum benötigt?

Die Auswirkungen sehen wir klar und deutlich: medikamentös eingestellte Schüler, ausgebrannte Kinder – ausgebrannte Lehrer, überforderte Eltern. Helfen Sie mit, dass wir die natürliche Begeisterungsfähigkeit unserer Kinder erhalten. Unser aller Lebensraum, Mutter Erde, wird inspirierte Menschen mit Visionen, Innovationskraft, Phantasie, Forscherdrang, Neugierde, Willenskraft, persönlicher und sozialer Verantwortung brauchen – dringend!

Wenn wir – Eltern und Erzieher – die Individualität, das ureigene Temperament und die daraus resultierenden Interessen unserer Kinder und Jugendlichen immer wieder neu erkennen und anerkennen, dann können wir – gemeinsam mit ihren anderen Bezugspersonen – ein Beziehungsklima für sie gestalten, das ihrem Bedürfnis nach Vertrauen, bedingungsloser Liebe, Respekt, Wertschätzung, aufrichtigem Interesse, Geborgenheit und Autonomie gerecht wird. Das ist das Beziehungs-Klima, in dem sich ihre Neigungen zeigen, ihr Selbstwert stark und das Selbstvertrauen talentbezogen wachsen kann.

Prof. Hüther beschreibt in einem Artikel zum Thema *„Supportive Leadership"*, dass in dieser wertschätzenden Beziehungs-Kultur, die in einigen Firmen bereits gelebt wird, auch das Bedürfnis der Mitarbeiter nach Hoch- und Höchstleistungen erbracht wird, weil dieses in unserem Gehirn grundsätzlich angelegt ist.

Direktoren und Lehrkräfte – auch in Regelschulen – erkennen mehr und mehr, den hohen Wert des Dreiecks *Lehrer-Schüler-Eltern*. Die Verantwortungsbereiche werden hier gemeinsam definiert, gegenseitige Bedürfnisse kommuniziert und es wird im Sinne der erfolgreichen Entwicklung der Kinder und Jugendlichen gehandelt. Die Frage „Was dient dem Schüler?" steht in diesen Einrichtungen über allen anderen Belangen.

Bis es zu wirklichen Bildungsreformen kommt, diese dann greifen, wird wahrscheinlich noch sehr viel Zeit vergehen. Vielleicht sind es gar nicht die Initiativen der Politiker, sondern die Gestaltungskräfte der Eltern, Lehrer und auch der Krippen-, Kita- und Hortbetreuer, die die Atmosphäre für unsere Kinder noch sehr viel wärmer, bunter, kreativer und somit gesünder prägen werden. So könnten wir gemeinsam eine warme Beziehungs-Kultur entstehen lassen, die ganz selbstverständlich die vorherrschende Kälte verdrängt.

Wir können alle Kinder und Jugendlichen immer wieder mit aufrichtigem Interesse und einer von starren Vorstellungen losgelösten Hingabe sehen und hören. Wir können in der *persönlichen Sprache* mit ihnen in einen tiefen Kontakt kommen und klar, einfach und präzise mit ihnen unsere Bedürfnisse besprechen und ihnen unsere und ihre Grenzen sichtbar machen.

PRO PUBERTÄT – Beziehungsmenschen – Beziehungsklima

Beim gewünschten Fehlermachen und dem Gefühl des Scheiterns helfen wir ihnen als Feedback-Geber dabei, Enttäuschungen anzunehmen und zu überwinden, ohne ihre Würde zu verletzen. Wir können während der Pubertät die Haltung von Mentoren oder Coaches einnehmen, die sich als Prozessbegleiter ihrer Schützlinge verstehen. Mentoren und Coaches sind immer dann da, wenn sie gerufen, gefragt, gebraucht werden. Sonst kümmern sie sich um ihr eigenes Leben.

Alle Kinder zeigen sich deutlich entspannter, wenn ihre Eltern sich mit ihrem eigenen Leben beschäftigen. Wenn Erwachsene ihre Freundschaften pflegen und in ihren Partnerschaften Ausgleich finden. Lassen Sie Ihr jugendliches Kind öfter mal selbst am Rad des Lebens drehen – das heißt nicht, dass Sie es dabei dann gleich allein lassen.

ALLEINERZIEHEND SEIN – HEISST NICHT: ALLEIN ZU SEIN

Meine Mutter, Monika, war 16 Jahr alt, als ich zur Welt kam. Mein Vater, Klaus, knapp 18 Jahre alt. Die beiden waren sehr verliebt, als ich unterwegs war – dennoch: die Beziehung scheiterte. Wechselweise war ich bei meiner Mutter, meinem Vater und den Eltern meines Vaters, bis meine Mutter und ich – sie war 21 Jahre alt und ich fünf Jahre alt – aus der DDR nach Köln flüchteten.

Zu meinem Vater durfte ich (aus politischen Gründen) bis zum Mauerfall keinen Kontakt mehr haben. Ich sah ihn erst wieder, als ich bereits 28 Jahre alt war. Bis zu seinem frühen Tod hatten wir ein sehr schwieriges Verhältnis. Es hat Jahre gedauert, bis ich seine Zurückhaltung mir gegenüber, zum Schutz seiner Söhne, akzeptieren wollte und ihm seinen politischen Gehorsam verzeihen konnte. Gut, dass er mir sehr oft gesagt hat, wie sehr er mich liebte. Ich bin froh, dass er meinen Mann noch rechtzeitig kennengelernt und unseren Sohn sehr ins Herz geschlossen hat.

Ich lebte als Einzelkind bei meiner jungen Mutter. Sie hatte bis zu drei Jobs, um uns zu ernähren. Ihr blieb nichts anderes übrig, als sich ein Netz aus Menschen zu schaffen, die Lust und Zeit hatten, sich um mich zu kümmern. Da gab es meine geliebte Urgroßmutter, Katharina. Mit und von ihr lernte ich alles über den ersten und zweiten Weltkrieg, über die Härte, die Frauen zu dieser Zeit entgegengebracht wurde. Meine Uroma war für mich der gütigste, humorvollste Mensch auf Erden – von ihrer Liebe zehre ich immer noch. Frau Priester, die verwitwete Mutter von Polly (Freundin meiner Mutter), war für mich da, wenn ich krank war. Dann wohnte ich bei ihr. Sie bettete mich – gefühlt meterhoch – auf schneeweißen

Daunendecken, kochte mir Kartoffelbrei und las mir Geschichten vor. Sie wich erst von meiner Seite, wenn ich vollständig gesund war. Sie war die beste Heilerin – auch für meine Seele. Eine der schönsten Erinnerungen habe ich an ein homosexuelles Paar. Die beiden Männer waren da, als meine Mutter sehr krank war und ich für ein Ferienlager packen musste. Sie bügelten mit Hingabe Namensschilder in meine Kleidung, umsorgten meine Mutter und kümmerten sich bis zu meiner Abreise mit einer Fröhlichkeit um uns, die ich nie vergessen werde.

Meine Mutter verstand es sehr gut, ein offenes Haus zu führen. Bei uns gingen die unterschiedlichsten Menschen ein und aus. Ich hatte die Gelegenheit, ein breites Spektrum an Persönlichkeiten zu erleben. Bereits mit 13 Jahren war mir sehr klar, welche berufliche Laufbahn ich einschlagen würde. Die vielen Filmschaffenden aus dem Freundeskreis meiner Mutter schienen verspielter, jünger geblieben, kreativer, phantasievoller als diejenigen aus anderen Berufsfeldern. Sie waren meine Vorbilder. Ich wollte so eine Erwachsene werden, die in einer bunten Branche arbeitet und dabei Spaß hat, was ich auch tat – mit großer Begeisterung – 30 Jahre lang.

In den Phasen meiner Kindheit, in denen ich mich nach meinem nicht greifbaren Vater gesehnt habe, hat meine Mutter niemals auch nur ein schlechtes Wort über ihn verloren. Sie hat mir bestimmt eine Million Male erzählen müssen, wie sie ihn kennen- und lieben gelernt hat. Und sie beide trotz der harten Reaktionen aller Großeltern auf meine Geburt, so glücklich darüber waren, dass ich da war. Meine Mutter blieb selbst dann noch wertschätzend in ihren Erzählungen, wenn sie zum Trennungsteil kam. Die respektvolle Haltung meiner Mutter gegenüber meinem Vater, hat mir sehr geholfen, meine Traurigkeit, meinen Trennungsschmerz und manchmal auch meine ohnmächtige Wut mit ihr teilen zu können.

Ein schlechtes Gewissen musste ich nie haben. Ich durfte meinen Vater lieben, ihn vermissen, ihn auf einen Sockel stellen – und ihn auch dafür hassen, dass er mich nicht sehen konnte oder wollte. Ich wurde von meiner Mutter liebevoll verstanden.

Warum erzähle ich Ihnen diese persönlichen Details? Weil es in meinen Beratungsstunden sehr viele – zu viele Alleinerziehende gibt, die den Vätern und Müttern ihrer Kinder den Kontakt entweder untersagen oder diesen unmöglich machen. Das berührt mich sehr, denn auch in diesen Beziehungen existiert eine Mauer, die trennend wirkt und eine sehr wichtige Verbindung blockiert. Die Gründe für einen völligen Kontaktabbruch sind vielfältig, manche auch absolut verständlich. Daher möchte ich hier keinesfalls eine pauschale Wertung darüber abgeben. Wichtig bleibt mir jedoch, sein Kind in seinem Verlangen, beide Elternteile erleben und lieben zu dürfen, ernst zu nehmen, zu verstehen und ihm dabei zu helfen, die Situation keinesfalls auf sich zu beziehen.
Wenn der Vertrauensverlust zu Ihrem Ex-Partner so groß ist, dass Sie Ihr Kind dort nicht hingehen lassen wollen, dann empfehle ich Ihnen eine Beratungsstelle aufzusuchen, in der Sie Unterstützung für die notwendige, verantwortungsvolle Kommunikation mit Ihrem Kind bekommen können. Es braucht ehrliche, nachvollziehbare Erklärungen, die seiner Reife angemessen sind.

Alleinerziehend zu sein, erfordert von den meisten Vätern und Müttern ein hohes Maß an organisatorischem Geschick und zudem oft über eine lange Zeit das Zurückstecken eigener Interessen und Bedürfnisse. Gerade deshalb ist es sehr wichtig, sich im Freundeskreis und/oder über Beratungsstellen Erwachsene zu suchen, mit denen ein „Austausch auf Augenhöhe" über Lösungsansätze für Probleme, Handlungsvarianten in Erziehungsbelangen und auch über Banalitäten des Alltags stattfinden kann. Andernfalls, so zeigt es meine Beratungspraxis, werden die Kinder sehr schnell und viel zu früh als Gesprächspartner eingespannt – für viele Themen, die mit ihrer Kindheit nichts zu tun haben (sollten). Für Kinder sind die elterlichen Sorgen überaus bedrückend, da sie diese nicht lösen, ihrem Papa bzw. ihrer Mama nicht behilflich sein können. Diesem Gefühl von Ohnmacht sind sie nicht gewachsen.

Liebe Väter, liebe Mütter! Sie müssen auch niemals – ob alleinerziehend oder nicht – zwingend alles selbst machen. Es gibt so viele Menschen, die hilfsbereit und äußerst zuverlässig dabei sind. Meistens wollen sie nur gefragt werden. Und: nicht jede Hilfeleistung kostet Geld. Ein Stück Kuchen, eine Blume, ein herzliches Dankeschön genügen den meisten Menschen als Ausgleich. Ihrem Kind zeigen Sie auf diese Weise, dass es in Ordnung ist, andere um Hilfe zu bitten. Schwachsein gehört genauso zum Leben wie das Starksein. Scheitern genauso wie das Siegen, Helfen genauso wie um Hilfe zu bitten. Erinnern Sie sich: es ist unser Grundbedürfnis uns mit anderen zu verbinden und gemeinsam zu wachsen.

NACH DER TRENNUNG, ELTERN BLEIBEN

Eine persönliche Bitte möchte ich am Ende dieses Buches an alle Eltern richten: ziehen Sie sich niemals aus dem Leben Ihres Kindes zurück. Selbst, wenn Ihre Paarbeziehung scheitert, bleiben Sie für Ihre Tochter, Ihren Sohn – alle Ihre Kinder der Vater bzw. die Mutter. Bemühen Sie sich, Ihre Paar-Probleme weitgehend ohne Ihre Kinder zu lösen, denn sie nehmen schnell die Rolle des Schuldigen/der Schuldigen ein, auch wenn ihnen diese niemand zuweist. Je nach Reife der Kinder bieten sie sich ihren Eltern gern als „Krücke" an, weil sie so das Gefühl haben, ihnen helfen zu können.

Bleiben Sie aber – auch wenn das leichter geschrieben ist als getan – in Ihrer Trennungsphase die verantwortungsvolle Führungspersönlichkeit, die eigenverantwortlich und lösungsorientiert handelt, das Scheitern einer Beziehung nicht als komplett menschliches Versagen versteht. Manchmal stirbt die Liebe – ob wir gleichzeitig Wertschätzung, Respekt und Vertrauen sterben lassen, das liegt in unserer Entscheidungsmacht.

Es gibt sehr viele Beratungsstellen, sehr gute kirchliche Einrichtungen, die kostenfreie Mediationsangebote für Paare bieten. Wenn es Ihnen im Konflikt- oder Trennungsfall gelingt, diese Probleme in einem eigens dafür gewählten Rahmen unter professioneller Anleitung zu sortieren und im Sinne Ihrer Bedürfnisse und Möglichkeiten um- oder neu zu gestalten, dann zeigen Sie Ihren Kindern, dass zwei sich streiten, vielleicht sogar trennen können ohne deshalb den Respekt vor- und füreinander zu verlieren. Vielleicht lernen die Kinder so auch, dass ein ehemaliges Paar durchaus in der Lage ist, über die Liebe zu ihren Kindern – mütterlich und väterlich verbunden – gemeinsam verantwortlich zu bleiben. Mit einem ausgewogenen Zusammenspiel von Haltung, Herz und Hirn kann der Entwicklungsraum, den Sie Ihren Kindern und Jugendlichen bieten, formbar sein und bleiben. Begeisterung ist immer da – ob und wie wir sie wecken, spüren, leben und erhalten, das hängt maßgeblich davon ab, wie wir eingestellt sind – anderen gegenüber, vor allem aber uns selbst gegenüber.

LITERATURVERZEICHNIS

Gerald Hüther
- Hüther - Inge Michels „Gehirnforschung für Kinder", Kösel-Verlag
- DVD-Vortrag: 2009 Theaterforum Freiburg „Ohne Gefühl geht gar nichts – worauf es beim Lernen ankommt", Verlag: Auditorium Netzwerk, Bernd Ulrich
Anmerkung: Der im Buch beschriebene „Butler" wurde durch diesen Vortrag inspiriert.
- Live-Vortrag 2015, Graz, „Schule im Aufbruch"
- Buch: „Jedes Kind ist hoch begabt – Die angeborenen Talente unserer Kinder und was wir daraus machen" Verlag: Knaus Albrecht

Jesper Juul
- „Pubertät", Kösel Verlag
- „Aus Erziehung wird Beziehung", Herder Verlag
- „Aggressionen", Fischer Verlag
- familylab.at, familylab.de

André Stern
Buch „... und ich war nie in der Schule – Geschichte eines glücklichen Kindes", ZS Verlag, Zabert Sandman GmbH

Erwin Wagenhofer
Der Kino-Film: „alphabet – Angst oder Liebe"

John Hattie
Studie „Visible Learning", Schneider Verlag

Dietmar Grössing
DVD/Buch: „Finde Deine Bestimmung" office@change365.eu

Links
www.mittelpunkt-coaching.com
www.visiblelearning.de/hattie-j-2013-lernen-sichtbar-machen/
www.alphabet-film.com
http://schule-im-aufbruch.de
http://www.lernwelt.at/partner/schulen-der-zukunft/index.html
www. familylab. de
www. familylab.at
www.nevabreznik.at
www.kath-kirche-kaernten.at
www.caritas-kaernten.at
www.slamsation.at

Danke
Carmen Kassekert für die inspirierte Gestaltungs-Power und – gemeinsam mit Knut Nielsen, Michaela Schachner und Lojze Wieser – für das kritische Interesse und die vielen, konstruktiven Optimierungsvorschläge des Inhalts.

Meine herzlichen Unterstützer
Monika Nielsen, Marion Gronstedt, Maria Brandenstein, Barbara Maier, Evelin Lesjak, Elli Blechinger, Neva Breznig, Wolfgang Unterlercher, Carmen Petutschnig, Hanna Kosch.

Anfragen für Fortbildungen/Vorträge:
kontakt@mittelpunkt-coaching.at